INDEX

Sich sonnen und im Meer Baden ist ein ganz einfaches Rezept, um Körper und Seele zu stärken

FORMENTERA

Formentera ist von einem besonderen, reinen Licht überflutet. Die wechselhaften Winde vertreiben die Wolken und lassen die Sonne an den wunderschönen Stränden scheinen: **Ses Illetes**, **Saona**, **S'Alga** oder **Migjorn**... Das Licht und die Sonne, die diese kleine Insel erleuchten, scheinen nahezu aus Afrika zu kommen, und dennoch vermittelt die Transparenz des Meeres, das die Küste umspült, ein unvergleichliches Frischegefühl. Der relativ unfruchtbare Boden wurde schon immer mit viel Mühe und wenig Wasser bewirtschaftet, doch das Grün der fest verwurzelten Pinien schafft Schatten. Und wenige Erhebungen gibt es auf dieser flachen Insel, die an zwei Seiten durch steile Felsen begrenzt wird, doch das gebirgige Profil Eivissas vereint sich mit der Landschaft von Formentera – fast wie ein Symbol der historischen Verbrüderung dieser beiden Pitiuseninseln.

Auf dem Weltatlas erscheint sie unbedeutend, geriet Jahrhunderte lang in Vergessenheit und war sogar zeitweise unbewohnt. Aber eines Tages wurde sie neu entdeckt und ihr Name fand Eingang in die Listen der beliebtesten Touristenziele. Und sie hat ihr ureigenes Wesen nicht vergessen, blieb ihren Gewohnheiten und der von ihren Vorfahren überlieferten Sprache treu – stolz darauf, ihre Schlichtheit unverfälscht beizubehalten.

sa Torreta
s'Espalmador
s'Espardell
Illa de Castevi
es Pas
Platja de ses Illetes
Platja de Llevant
Platja de
Cavall d'en Borràs
Punta de sa Pedrera
La Savina
1
sa Roqueta
Punta Prima
Estany
des Peix
Estany des Flamencs
Estany Pudent
es Pujols
2
Punta Prima
Punta de
la Gavina
Sant Francesc
de Formentera
3
Sant Ferran
de ses Roques
4
Cala en Baster
sa Miranda
ses Bardetes
Cala Saona
Cala Saona
Punta Rasa
Platja de Tramuntana
Can Gall
Can Fita
Punta Rasa
es Cap
es Mal Pas
Ca Marí
Punta de sa Creu
ses Platgetes
Can Ferrer
Caló de
Sant Agustí
5
Punta
d'Estrips
El Pilar
de la Mola
6
Platja de Migjorn
Can Plater
Punta de l'Anguila
Maryland
Punta
des Far
Punta de sa Fragata
Punta Roja
Cap de Barbaria

DÖRFER
UND VOLKSTÜMLICHE ARCHITEKTUR

Fischerboote und Ausflugsschiffe teilen sich die Anlegeplätze

Der Hafen von La Savina mit dem Salzwasserteich Estany des Peix

1 LA SAVINA

Passagierschiffe und modernere, schnelle Boote bringen hier die Besucher an Land, die vom Festland oder aus Eivissa kommen. Sofern sie im Flugzeug angereist sind, haben sie bereits gesehen, dass der größte Teil Formenteras flach ist, kaum mehr als ein Fleck, der sich in verlängerter Form über das Meer zieht. Der Ankunftsort heißt **Es Port** – der Hafen. Ein Hafen, der so klein ist wie alles auf der Insel. Bis zu seiner Erweiterung, bei der ein Felseneiland namens **La Savina** vereinnahmt wurde, war er sogar noch kleiner. Als einziger Zuweg ist der Hafen das Zentrum aller Beziehungen der Insel zur Außenwelt und gleichzeitig wird hier ein Großteil aller Dienstleistungen angeboten (zentrale Auskunft, Wagenvermietung, Reisebüros...) und der Tourist tut gut daran, dies bei seiner Feriengestaltung mit einzuplanen.

Von hier aus gehen die Schiffe ab, die mehrmals täglich nach S'Espalmador fahren, und hier kann man auch selbst Boote mieten. Auch wenn man seine Unterkunft in einem anderen Teil der Insel gefunden hat, ist ein Besuch dieser Gegend immer interessant. So bleibt einem z.B. das Ufer des nahe gelegenen Salzwasserteiches **Estany des Peix** verborgen, wenn man die Anlegestellen im Hafen zu schnell verlassen will.

Ein wunderbarer Strand mit feinstem weißen Sand

Aussicht auf Es Pujols von Punta Prima aus

2 ES PUJOLS

Es Pujols lebt ausschließlich von und für den Tourismus. Hier regieren die drei Gottheiten, die der Sommerbesucher anbetet: Sonne, Strand und Nachtvergnügen. **Es Pujols** – gelegen zwischen der unter dem Namen **Pedrera d'en Coix** bekannten Seite und der Landspitze **Punta Prima**, an der der Badebereich mit einem Wachturm abschließt – bietet alle Voraussetzungen, um den Ort während des ganzen Sommerurlaubs nicht mehr zu verlassen. Umfangreiche Hoteleinrichtungen und die entsprechenden Zusatzangebote machen dies möglich. Vom sonnigen und gemütlichen Strand aus kann man die malerischen Umrisse der Felsinseln **Illa Plana**, **Illa des Fonoll Marí**, **Illa de s'Aigua Dolça** am klaren Horizont betrachten, die als eine Art Barriere zur Stille des Wassers beitragen.

Die Strandpromenade verwandelt sich am späten Nachmittag in einen überlaufenen und bunten Treffpunkt mit Terrassenlokalen, einheimischen Kunsthandwerkern und Straßenständen, an denen Kleidung und Modeschmuck angeboten wird, um die Besucher an ihre Konsumverpflichtungen zu erinnern. Abends gilt das Interesse hauptsächlich den vielfältigen gastronomischen Angeboten. Vom argentinischen Steak bis zum chinesischen Essen ist alles vorhanden – ein Zeichen der hier vorherrschenden Weltoffenheit. Jede Nationalität bevorzugt ihre eigenen Geschmacksrichtungen, die jedoch von der lokalen Küche beeinflusst werden. So besteht zunehmend Interesse an Fischgerichten, zubereitet im mediterranen Stil, welche die Bewohner anderer Breitengrade betören. All dies hat zur Folge, dass **Es Pujols** nicht nur die meisten Touristen beherbergt, sondern die Freizeitmöglichkeiten darüber hinaus viele andere Touristen anziehen, die ihr Feriendomizil an anderen Orten haben.

Aussicht auf Es Pujols mit dem Strand Platja de Llevant im Hintergrund

3 SANT FRANCESC

Sant Francesc ist die offizielle Hauptstadt und hier befinden sich auch die öffentlichen Einrichtungen der Insel, die verwaltungsmäßig als eine einzige Gemeinde organisiert ist. Die Tatsache, dass **Sant Francesc** lange Zeit der einzige Ort war, wo man die Einkäufe zur Deckung aller Grundbedürfnisse tätigen konnte, machte ihn zur *Agora* der Insel, also zu dem Ort, an dem alle anstehenden Themen diskutiert wurden. Die Bewohner, die aus **La Mola** oder aus anderen Orten kommen, um ihre Angelegenheiten zu erledigen, sind leicht an der typischen *senalla* zu erkennen, einem Korb, in den fast alles hineinpasst. Was dies bedeutet, begreift man sofort, wenn man in der Fußgängerzone des Straßenmarktes spazieren geht oder in die nahe gelegenen Bars Plate oder Centro hineinschaut.

In **Sant Francesc Xavier** finden wir zwei der seltsamsten Bauten Formenteras. Am meisten sticht die befestigte Kirche mit ihren dicken Mauern und dem Aussehen eines hermetisch geschlossenen, unüberwindlichen Würfels ins Auge. Sie stammt vom Anfang des 18. Jahrhunderts, einer Epoche, in der große Vorsicht vor den Angriffen der Piraten geboten war, weshalb sie mit zwei mächtigen Kanonen über dem Gewölbe ausgerüstet wurde. Daneben ist eine der alten Zisternen zu sehen – ein architektonisches Element erster Notwendigkeit in einem Gebiet, in dem es seit jeher an Trinkwasser mangelt. Das zweite Bauwerk, noch älter und auch religiösen Ursprungs, wurde nach der Errichtung der vorgenannten Kirche nicht mehr benutzt. Es handelt sich um die Kapelle **Sa Tanca Vella**, ein sehr primitives Bauwerk, vermutlich aus dem 14. Jahrhundert, abgedeckt mit einem kleinen, schiefen Gewölbe. Nicht vergessen sollte man einen Besuch im ethnologischen Museum, wo die traditionellen Werkzeuge der Landwirtschaft und andere Geräte ausgestellt werden, die Zeugen einer noch lebendigen Vergangenheit sind.

Die Kunsthandwerksund Souvenirläden mit allen möglichen Verkaufsideen

Auf dem Hauptplatz fällt die merkwürdige, befestigte Kirche auf

Ein Saal des interessanten ethnologischen Museums

Die Arbeitsgeräte zeugen von beinahe vergessenen Berufen

Das Museum zeigt, wie das Leben auf dem Lande früher war

Die alte Zisterne, erster öffentlicher Dienst

Hier haben Musiker aller Welt ihre Guitarren gebaut

Die Fonda Pepe, unverwechselbares Wahrzeichen von Sant Ferran

4 SANT FERRAN

Zwei Kornmühlen und eine Kirche aus dem 18. Jahrhundert bezeugen, dass in **Sant Ferran de ses Roques** seit uralten Zeiten Menschen angesiedelt waren. Gemeinsam mit **Sant Francesc** und **El Pilar** symbolisiert die Kirche die Dreiheit der durch den ibizenkischen Bischof Manuel gegründeten Pfarrgemeinden. Sie ist dem Andenken König Ferdinands, des Katholischen geweiht und sollte offensichtlich dazu dienen, eine Niederlassung der Salzarbeiter zu festigen.

Ein unverzichtbares "Muss" ist es, in die Fonda Pepe hineinzuschauen, ein Lokal, dessen Legende weit über seine vier Wände hinausreicht. Jeder Hippy, der etwas auf sich gab, hat hier wenigstens einen besonderen Abend verlebt, zumindest in den legendären Sechzigerjahren, in denen die Hippies diese "Fonda" in den Mittelpunkt ihrer Welt verwandelten. Man erinnere sich an das "Dreieck" *Frisco-Formentera-Katmandú*. Später wurde die Kneipe zu einem Wallfahrtsort der Nostalgie, wenngleich auch viele Ex-Hippies, die inzwischen eine radikale Veränderung durchgemacht haben, ein unbeteiligtes Gesicht aufsetzen, wenn sie die Schwelle der Eingangstür überschreiten.

In Sant Ferran gibt es außerdem eine bekannte Gitarren- und Basswerkstatt, in der seit Jahren Aufenthalte für junge Leute organisiert werden, die ihre Ferien damit verbringen wollen, selber Musikinstrumente zu fertigen. Die Werkstatt kann sich nachweislich rühmen, von Pink Floyd, King Crimson oder Chris Rea benutzt worden zu sein.Ein wenig abseits vom Ortskern – wenige Straßen zwischen der Hauptstraße und dem Kirchplatz – kommt man in ein vollkommen landwirtschaftlich geprägtes Gebiet (**Vénda de ses Roques**). Hier hat man Gelegenheit, die Bauweise zu betrachten, die noch heute bei Neubauten angewendet wird: geringe Bauhöhe, um sich vor den starken Winden zu schützen, Vorrichtungen zum Auffangen von Wasser, um der chronischen Trockenheit zu trotzen, und ein schattiger Platz am Eingang, der vor der Sonne schützt.

Die Kirche ist ein weiterer Treffpunkt

5 ES CALÓ

Diese kleine Siedlung entstand an der schmalsten Stelle der Landenge, welche die beiden entgegengesetzten Erhebungen der Insel miteinander vereint, in einer Landschaft, in der sich früher nur die einheimischen Fischer aufhielten. Obwohl **Es Caló** Ende der vierziger, Anfang der Fünfzigerjahre einer der ersten touristisch genutzten Orte war, befinden sich die seinerzeit entstandenen Apartments, Hotels und Villen in gutem, ursprünglichem Zustand. Fischernetze, rustikale Schuppen zum Schutz der Boote, die zum Trocknen in der Sonne ausgebreiteten Fische – übrigens eine Sitte aus der Zeit der Römer, die es an anderen Orten des Mittelmeers kaum noch gibt – vermitteln den Eindruck einer ruhigen und familiären Landschaft und geben ihr einen einzigartigen und beneidenswerten Reiz. Wenn man hierzu die Nähe des Pinienwaldes, die unglaubliche Färbung des Meers durch den sandigen Untergrund und das Angebot frischen Fischs zählt, versteht man sofort die Begeisterung ihrer Anhänger. Für viele ist ein Besuch eines Terrassenlokals eine absolutes "Muss", bevor man die steile Auffahrt auf den Berg **La Mola** beginnt.

Es Caló ist außerdem der östlichste kleine Hafen der Insel und daher mit **La Mola** enger als mit anderen Orten verbunden, was eine gewisse Abgeschiedenheit und damit mehr Beständigkeit mit sich bringt. Es ist der ideale Ort, um in der Umgebung fischen zu gehen, aber man kann auch per Boot eine Besichtigung des angrenzenden Küstenstreifens vornehmen, der von dem hohen Kap aus nicht sichtbar ist. Ein solcher Bootsausflug, der sehr empfehlenswert ist, solange nicht die *Tramuntana* bläst, ermöglicht es, die beeindruckenden Wände und Höhlen der Steilküste zu besichtigen. Taucher können sich hier von der Vielfalt des Meeresgrundes bezaubern lassen.

Rechts der Strand Platja de Tramuntana mit Es Caló im Vordergrund

Boote auf rustikalen Docks; im Hintergrund La Mola

6 EL PILAR

La Mola scheint vom Rest der Insel weit entfernt zu sein, unbeteiligt gegenüber allem, was außerhalb dieses herrlichen Aussichtspunkts geschehen mag. Die Bewohner können sich heutzutage zwar nicht mehr auf Transportschwierigkeiten berufen, wie sie ihre Großeltern früher hatten, um von einem Ort zum anderen zu gelangen, aber dennoch bleiben sie lieber zu Hause. Vielleicht wollen sie damit Abstand schaffen, um nicht wahr zu haben, dass diese Umgebung nicht sehr weit reicht. Und sie genießen die Vorteile, die es mit sich bringt, über den höchsten Aussichtspunkt der Insel zu verfügen. Die Anordnung der Häuser entlang der Wege, die ein verflochtenes Netz bilden, verstärkt diesen Eindruck. Neben den Einheimischen leben hier zahlreiche Auswärtige, die mit der Hippybewegung kamen und

Kirche Nostra Senyora del Pilar

Der höher gelegene Standort bietet herrliche Ausblicke über die Insel

blieben und sich sehr schnell das Wissen der Einwohner angeeignet haben. Viele von ihnen schaffen hier künstlerische und handwerkliche Arbeiten in perfekter Harmonie mit der ländlichen Umwelt und waren die Ersten, die an der Pflege und der Erhaltung des Umlandes und der Eigenheiten der Häuser, in denen sie sich niederließen, interessiert waren.

El Pilar ist der einzige Beweis dafür, dass soziale Beziehungen zwischen den hier ansässigen Bewohnern und – vereinzelt – zwischen diesen und dem Rest der Welt bestehen. Allerdings ein sehr kleiner Beweis, denn es handelt sich dabei nur um eine einzige Straße, ein Stück Landstraße mit Supermärkten und Bars, Banken, dem Bäcker und der so charakteristischen Gemeindekirche. Diese Straße, die auch den Zugang zum Bereich des Kunsthandwerkstraßenmarkts bildet und wo sich der "Show-room" eines originellen Juweliers befindet, ist das Element, das diesem Ort Zusammenhalt verleiht. Um dies zu verstehen, muss man sie zu verschiedenen Uhrzeiten beobachten: am frühen Morgen, ruhig beim Frühstück mit Käse und Feigenbrot in *ca na Catalina* (Bar Blaiet). Und an den Nachmittagen, an denen der Straßenmarkt stattfindet (mittwochs und sonntags) und das Interesse an dem bunten Bazar fast ein Chaos verursacht. Lifemusik und ein sehr vielfältiges, breites Angebot, wobei man an fast allen Ständen kleine Eidechsen aus allen Materialien und in jeder Variante findet, gehören dazu.

Der Weg zum Leuchtturm und Ansicht der Steilküste, auf der er steht

Die ländlichen Regionen im Binnenland bilden einen Kontrast zu den nahe gelegenen Küsten

Die Formen der ländlichen Architektur haben sich kaum verändert

Der weiße Kalkrahmen hebt die sichtbaren Steine der Mauern hervor

Die einfachen Linien machen die Landschaft noch beeindruckender

Kletterpflanzen vor dem Eingang sind nützliche Schattenspender

Feigenbaum

sa Torreta
1 s'Espalmador
s'Espardell
Illa de Castevi
es Pas
Platja de ses Illetes 2
3 Platja de Llevant
Platja de Cavall d'en Borràs 4
Punta de sa Pedrera
La Savina
sa Roqueta
Punta Prima
Estany des Peix
Estany des Flamencs
Estany Pudent
es Pujols
Punta Prima
Punta de la Gavina
Sant Francesc de Formentera
Sant Ferran de ses Roques
sa Miranda
Cala en Baster
ses Bardetes
Cala Saona 8
Cala Saona
Platja de Tramuntana
Punta Rasa
Can Gall
Can Fita
5
Punta de sa Creu
Punta Rasa
es Cap
Ca Marí
es Mal Pas
ses Platgetes
Can Ferrer
6
Caló de Sant Agustí
Punta d'Estrips
7
El Pilar de la Mola
Platja de Migjorn
Can Plater
Maryland
Punta de l'Anguila
Punta des Far
Punta de sa Fragata
Punta Roja
Cap de Barbaria

STRÄNDE UND BUCHTEN

1. S'ESPALMADOR
2. SES ILLETES
3. PLATJA DE LLEVANT
4. CAVALL D'EN BORRÀS
5. TRAMUNTANA
6. SES PLATGETES
7. PLATJA DES MIGJORN - ELS ARENALS
8. CALA SAONA

Llevant

1 S'ESPALMADOR

Der wunderbare Strand Platja de s'Alga ist Grund genug, um die Überquerung von **Es Pas**, von **Es Trocadors** aus bis zur kleinen Insel **S'Espalmador** zu wagen. Aber diese Überquerung – eine Art informelle Taufe all jener, die als Adoptiv-kinder Formenteras gelten wollen – ist nur zu Fuß bei ruhigem Meer und Ebbe möglich. Man kann natürlich auch ein Boot nehmen (von La Savina aus). Normalerweise wird der Blick aufs Meer in **S'Alga** von Segel- und Motorbooten beherrscht, die aus dem benachbarten Eivissa kommen. Die kleine Insel, im Sommer viel besucht, hat einen weiteren kleinen Strand im Nordosten – **Sa Torreta**, von einer Felsinsel gleichen Namens geschützt – der auf seiner östlichen Seite genug Platz bietet, um hier sein Handtuch auszubreiten. Die Schönheit der Landschaft lässt sich in ihrer Gesamtheit bestens von der Landspitze **Punta de sa Guardiola** aus bewundern, wo sich einer der alten Wachtürme erhebt. Im mittleren Teil von **S'Espalmador** liegt ein kleiner Sumpf, der von Liebhabern des Schlammbadens aufgesucht wird (man darf sich von ihnen nicht erschrecken lassen, denn sie sehen aus wie lebende Steine). Eine gesundheitsamtliche Kontrolle besteht allerdings nicht, weshalb auch eine heilende Wirkung nicht garantiert werden kann.

El Pas, ein schmaler Streifen Meer, trennt Es Trocadors von der Insel S'Espalmador

Das Inselchen S'Espalmador, Es Pas im Vordergrund, dahinter Es Freus

Eine weitere Luftaufnahme mit der Halbinsel Es Trocadors

❷ SES ILLETES
❸ LLEVANT

Im Osten **Platja de Llevant** und im Westen **Platja de Ses Illetes**: Man könnte auch sagen, dass es sich um Vorder – und Rückseite des gleichen Strandes handelt. Der Strand Platja de Llevant verläuft in einer Geraden, der Strand von Ses Illetes (die Inselchen) in einem doppelten Bogen vor den kleinen Inseln, die ihm seinen Namen geben: **Illa de Tramuntana**, **Illa des Pouet**, **Illa Rodona**...

Diese Strände haben den Ruf (und die öffentliche Anerkennung) von FKK-Stränden. Wenig interessiert die Stammgäste das Schild, seien sie nun Nudisten oder nicht, wenn sie den Vorteil nutzen können, von einem Strand zum anderen hinüberzuwechseln und dabei den Lauf der Sonne zu verfolgen: Zwei Schritte über die Dünen, die den ausgemergelten Sandsteinboden bedecken, und man ist auf der anderen Seite. Es ist Sitte, den Tag so lang wie möglich zu nutzen, was dank der strategisch gelegenen "Chiringuitos" (Strandlokale) mit aufregenden Namen (Pirata, Tiburón, es Ministre, Tanga...) bestens möglich ist. Nach Süden verbreitert sich die Halbinsel von **Es Trocadors** und eine mit Pinien bewaldete Fläche trennt den Strand von Llevant immer mehr von den **Salines d'en Marroig** ab. Weiter im Süden, zwischen den Häusern von **Sa Roqueta** und **Es Pujols**, heißt der Strand dann **Platja de ses Canyes** und ist leichter über eine Abzweigung kurz hinter Es Pujols zugänglich.

Strand von Ses Illetes, mit den Felsinseln, auf denen sein Name beruht

Llevant liegt an der nach Osten blickenden Küste von Es Trocadors

Der Strand Illetes ist Balsam für die Sinne

Der Strand Llevant liegt am Ende von Es Trocadors

Uralte Steineichen in der Nähe der Molí des Carregador

4 CAVALL D'EN BORRÀS

Die Straße, die von **La Savina** nach **Es Trocadors** verläuft (an der die bereits genannten Strände **Platja de Llevant** und **Ses Illetes** liegen) führt über einen engen Streifen, der den Salzwasserteich **Estany Pudent** vom Meer trennt. Über diesen Weg gelangt man auch nach **Cavall d'en Borràs**, ein Ort, der auf der Meeresseite dieses Streifens entstanden ist. Man kann aber auch zu Fuß über den ersten Abschnitt des Weges gelangen, der bei den Anlegestellen im Hafen beginnt, nach **Cala Savina**. Obwohl diese Bucht den Ostwinden ausgesetzt ist, findet man hier normalerweise einen ruhigen Strand mit klarem Wasser und feinem Sand. Und er hat den Vorteil, dass man in den dahinter liegenden bewaldeten Dünen Schatten findet. Dieser Bereich mit seinen stattlichen Sandebäumen trennt die Sandfläche von den Salzwasserteichen der Salinen. Die Entfernung ist dabei jedoch so gering, dass ein Besuch ein Leichtes ist.

Ebenfalls empfehlenswert ist es, bis zum nördlichen Ende des Strandes zu gehen und dort die Mühle **Molí des Carregador** zu besichtigen, wo früher das Salz verarbeitet und verschifft wurde. Die Mühle und andere Bauten älteren und neueren Ursprungs, die auf einem Felsen errichtet wurden, beherrschen die umliegende Landschaft. Ein weiterer Grund für einen Besuch der Mühle ist deren Umwandlung in ein Bar-Restaurant.

Der Wald aus Sandebäumen ist ein Naturschutzgebiet auf Formentera

Das Meer umspielt sanft und friedlich den Sand

5 TRAMUNTANA
6 SES PLATGETES

Das Nordufer des Mittelstreifens der Insel, das sich zwischen zwei traditionellen Fischerzufluchtsstätten, **Cala en Baster** und **Es Caló** (Caló de Sant Agustí), erstreckt, ist unter dem Namen **Es Carnatge** bekannt und hat keinen echten Strand, was auch völlig logisch ist, da die heftigen Winde aus dem Norden das Aussehen dieser Küste ständig nach Lust und Laune verändern. Das verhindert jedoch nicht, dass die Badegäste immer wieder Eckchen zu finden wissen, an denen sie das "dolce far niente" mit im Wasser hängenden Füßen genießen können. Zu bemerken ist, dass es auf der westlichen Seite wenig Sand gibt, der jedoch dagegen auf dem unter dem Namen **Ses Platgetes** bekannten Abschnitt vorhanden ist. Wenn man sich lieber auf dieser Seite einen abgeschiedenen Ort suchen möchte, sollte man sich mit Trinkwasser versorgen, da es hier keine Getränkestände gibt wie auf der anderen, nach Süden gelegenen Seite. Dies wissen all diejenigen bereits, die sich gerne etwas von den überlaufenen Gebieten entfernen. Es besteht immer die Möglichkeit, sich **Es Caló** zu nähern, einem sehr empfehlenswerten Ort, an dem man sich von den intensiven Sonnenbädern erholen und sich auf einer der Terrassen mit einem Getränk erfrischen kann.

Die Strandbars machen den Tagesaufenthalt am Meer angenehmer

Rechts der Strand von Tramuntana, dahinter der Strand von Es Migjorn

Ses Platgetes an der Nordküste, in der Nähe von Es Caló

7 PLATJA DE MIGJORN ELS ARENALS

Dieser Strand gilt als der größte der Insel – beinahe acht Kilometer lang – wobei es sich in Wirklichkeit um eine Anreihung von Stränden handelt, die ab und zu von steinigem Boden unterbrochen werden. Tatsächlich unterscheiden sich die einzelnen Strandabschnitte nur durch ihre verschiedenen Namen, die sich auf kleine geografische Gegebenheiten oder Urbanisationen, Strandeinrichtungen und Hotels beziehen: **Es Ca Marí**, **Racó fondo**, **Es Còdol foradat**, **Els Valencians**, **Els Arenals**, **Maryland**... Abzweigungen von der zentralen Straße führen zu den einzelnen Strandabschnitten.

Ein reichhaltiges Angebot an Essen und Trinken erlaubt längere Aufenthalte in der Sonne und am Meer, ohne dabei die Strände verlassen zu müssen. Da kaum Schatten vorhanden ist, sollte man möglichst einen Sonnenschirm mitbringen, der aber auch gemietet werden kann. Das Gleiche gilt für Liegestühle und Tretboote. Hinter den Stränden bieten nur die Dünenformationen Schutz, daran grenzt direkt ein Steppenstreifen und bestellte Felder, **Ses Clotades**. An einigen Stellen kann man, wenn der Wind aus Süden bläst, durch die Enge nach **Tramuntana** gelangen. Sehr wichtig ist es dabei, alle Sicherheitsvorkehrungen zu beachten, bevor man ins Wasser geht. Einige Felsen parallel zur Küste können Strömungen verursachen, die man nicht auf die leichte Schulter nehmen sollte, auch wenn sie nur bei Unwettern auftreten. Die rote Fahne (Badeverbot) muss an allen Stränden strengstens beachtet werden.

In der Gegend von **Es Copinyar**, in der Nähe von La Mola, befinden sich die Felseinschnitte von **Caló des Mort** und **Caló des Ram** mit ihren seltsamen Dockanlagen und glasklarem Wasser, das Naturliebhaber und Taucher anlockt.

Durch glasklares Wasser sehen wir den sandigen Grund von Es Migjorn

An diesem Strand gibt es noch Eckchen, an denen man allein sein kann

Caló des Mort, am südlichen Ende der Küste bei La Mola

8 CALA SAONA

Dies ist der einzige in einer echten Bucht gelegene Strand und – unter Ausnahme von Ses Illetes – der einzige an der Nordostküste der gradlinigen Landzunge von **Es Trocadors**. Anwohner und Besucher haben schon immer seinen weißen Sand und sein glasklares Wasser geschätzt, was unvermeidlich dazu führte, dass die Bauherren diese Schönheit für den Tourismus nutzten. Hinter dem Sandstrand liegt ein dichter Pinienwald und die Neubauten verschwinden teilweise hinter den Bäumen. Leider ist dies nicht der Fall bei dem direkt am Strand, fast schon auf dem Sand erbauten Hotel.

Wer schon einmal hier ist, kann Sonnenbäder mit Spaziergängen auf den unter den Bäumen verlaufenden Pfaden verbinden. Man kann auch bis zur **Punta Rasa** gehen, dem Teil der Küste, der die Bucht im Süden abschließt. Dorthin gelangt man auch auf einem durchs Innere führenden Weg oder indem man einfach den Strand entlang läuft. In diesem Fall kommt man über die steinige, unbewachsene Plattform, die den Zugang zum sanft ansteigenden **Cap de Barbaria** darstellt.

Sommerstimmung in Cala Saona

Badegäste in Cala Saona gegenüber den Anlegestellen von Punta Rasa

Weißer Sand und eine natürliche Umgebung

s'Espalmador
s'Espardell
sa Torreta
10
Illa de Castevi
es Pas
Platja de ses Illetes
Platja de Llevant
Platja de Cavall d'en Borràs
Punta de sa Pedrera
La Savina
9
3
ses Salines
sa Roqueta
11
es Pujols
Punta Prima
Estany des Peix
2
Estany des Flamencs
Estany Pudent
1
Punta Prima
Punta de la Gavina
10
10
Sant Francesc de Formentera
Sant Ferran de ses Roques
sa Miranda
Cala en Baster
4
ses Bardetes
7
Platja de Tramuntana
Cala Saona
Cala Saona
Punta Rasa
Can Gall
Can Fita
Punta Rasa
es Cap
10
Ca Marí
es Mal Pas
ses Platgetes
Punta de sa Creu
12
Can Ferrer
Platja de Migjorn
Caló de Sant Agustí
Punta d'Estrips
El Pilar de la Mola
Can Plater
Punta de l'Anguila
Maryland
5
6
Punta des Far
10
Punta de sa Fragata
8
Punta Roja
Cap de Barbaria

ANDERE SEHENSWERTE ORTE

1. ESTANY PUDENT
2. ESTANY DES PEIX
3. SES SALINES
4. CALA EN BASTER
5. MOLÍ DEL PILAR
6. PHARE DE FORMENTERA (LA MOLA)
7. COVA D'EN JERONI
8. CAP DE BARBARIA
9. PUNTA DE SA PEDRERA
10. TOURS DE DÉFENSE
11. CA NA COSTA
12. *CASTELLUM* DE CAN PINS

Ses Salines

1 ESTANY PUDENT

Die Seesalzteiche sind zwei Küstenlagunen, die eine wichtige Rolle für das Gleichgewicht der Umwelt spielen. Sie werden von einem charakteristischen Vegetationsstreifen umsäumt, in dem Schilfrohr und spanisches Rohr wächst und der von verschiedenen Vogelarten aufgesucht wird. Im Winter findet man im der Lagune **Estany Pudent** häufig den Schwarzhalstaucher.

In diesem größeren See wurde das Wasser gestaut, das man den Teichen der Salinen zuführte. Da es sich nicht erneuern kann – obwohl ein Bewässerungsgraben **Sa Siquia** als Verbindung zum Meer besteht – beginnt gelegentlich ein Fäulnis-prozess organischer Reste; daher der Name *Pudent* (Stinkend). Ungeachtet dieses ungerechten Rufs muss gesagt werden, dass die wechselnden Färbungen, die das Sonnenlicht dem Gewässer im Laufe des Tages entlockt, ein wahres Schauspiel darstellen und dass der See nicht immer seinen jetzigen Namen trug: Früher hieß er wegen der großen Anzahl von Flamingos, die seine Gewässer aufsuchten, Flamingosee.

Durch Sa Síquia fließt das überschüssige Wasser aus der Lagune ins Meer

Das Licht der Dämmerung in den Gewässern des Estany Pudent

2 ESTANY DES PEIX

Die Lagune Estany des Peix, mit dem Meer über einen engen Durchlass verbunden, der im Volksmund **Sa Boca** genannt wird, war zur Zeit der Römer der Hafen für die Salzverschiffung, weshalb er auch den Namen **Porto-Salè** trug. Auch heute noch können hier kleinere Schiffe Schutz finden. Auf dem ruhigen Gewässer kann man rudern oder segeln, aber auch ein Spaziergang um die Lagune herum ist wohltuend.

Die Silhouette von Es Vedrà in Ibiza begleitet stets den Beobachter des Sonnenuntergangs

L'Estany wird traditionell von kleinen Booten besucht

3 SES SALINES

Die Salzgewinnung war während einer langen Zeit Lebensgrundlage der Insel. Allein schon deshalb ist **Ses Salines** aus ethnologischer Sicht eine hohe Bedeutung bei-zumessen. Die Tatsache, dass die Salinen ihre wirtschaftliche Bedeutung verloren haben, ist kein Grund, sie nicht zu erhalten. Die Einwohner Formenteras kämpfen darum, denn das Gespenst einer möglichen Trockenlegung und Urbanisierung des Bodens konnte sich bereits mehrere Male beinahe durchsetzen. Ihr Verschwinden würde uns auch des Genusses berauben, sie zu bewundern, wenn sich das Licht auf ihrer kristallinen Oberfläche widerspiegelt und dabei traumhafte Eindrücke entstehen lässt.

Von alters her waren die Salinen bekannt und genutzt. Römer und Karthager deckten sich hier mit diesem Produkt ein, das ein wertvolles Zahlungsmittel darstellte. Auch alle nach ihnen auf die Insel gekommenen Völker begehrten und nutzten das Salz. Mit Philipp V. wurde die Saline bis 1871 Staatseigentum, dann wurde ihr Verkauf an Antonio Marroig genehmigt. Seitdem heißen sie **Salines d'en Marroig**, obgleich der Bereich im Westen der Lagune Estany Pudent als **Salines d'en Ferrer** bezeichnet wird. Nach der Modernisierung der Salzgewinnung wurden bis zum 15.000 Tonnen jährlich abgebaut, was vielen Familien Arbeit und ein regelmäßiges Einkommen gab.

Die "Ruta de la Sal" (Salzstraße) ist eine Segelregatta zur Erinnerung an diesen Handel, der für die Pitiusen lebenswichtig war. Von der spanischen Halbinsel aus segelt man bis nach Formentera und wieder zurück zum Ausgangshafen, um die Fahrten der Schiffer nachzuvollziehen, die Anfang des Jahrhunderts die Kaufleute in Rekordzeit neu versorgen mussten.

Der Anblick der Salinen ist untrennbarer Bestandteil der Landschaft

Weg zwischen zwei Gewässern am Abend

4 CALA EN BASTER

Eine Kuppe aus Sandstein, von Meer und Wind zu eigenwilligen Formen erodiert, schützt die Bucht **Cala en Baster** und trennt den unteren Teil von **Es Carnatge** von der harten Steilwand, die in Richtung **Punta Prima** verläuft. Von der Bucht geschützt, steigen aus dem klaren Wasser rustikale Dockanlagen empor, die in Höhlen in der goldbraunen Wand enden. Ähnliche Konstruktionen gibt es auch im **Torrent de S'Alga**, östlich des Strandes von **Migjorn**, im **Caló de Sant Agustí**, in **Cala Saona** und im **Caló de S'Oli**, in **Es Pujols** oder in **Ses Illetes**. Die meisten von ihnen führen zu einfachen Bootsschuppen, die aus Sperrholzbrettern oder sonstigem wiederverwendeten Material bestehen. Der Erfindungsgeist der einheimischen Fischer, die diese Docks mit den einfachsten Mitteln herstellen, schützt die Boote vor den Fluten der Gezeiten.

Ein Spaziergang oberhalb der Steilküste, die hier eine Höhe zwischen vierzig und fünfzig Metern erreicht, verschafft den Genuss einer wundervollen Aussicht über die ganze Nordküste bis **La Mola**, die Insel von **S'Espardell** und in der Ferne, Eivissa. Zwischen Unmengen loser Steine, die hier den Boden bedecken, findet man hier und da kuriose Formen wie in japanischen Zengärten – eine Sonne und einen Mond, konzentrische Zirkel, ein Labyrinth – Dinge, die diesen Ort dazu geeignet machen, künstlerisch und geistig aufzutanken.

Die Steilküste von Es Quintalar und der Turm von Punta Prima

Cala en Baster: Die Boote werden über rustikale Dockanlagen in die Höhlen gehoben

5 MOLÍ DEL PILAR

Die Kornmühlen beherrschen einen Teil dieser Landschaft, wenn sie auch seit geraumer Zeit ihre ursprüngliche Aufgabe nicht mehr erfüllen. Es wird angenommen, dass der Name der Insel von dem Wort *forment* oder *froment* herrührt, der katalanischen Bezeichnung für den früher üblichen Winterweizen, was darauf schließen lässt, dass sein Anbau hier vorherrschte.

Die Mühle in El Pilar, die mit ihrer abgeschnittenen Silouette auf dem Hochplateau von La Mola liegt, charakterisiert die Eigenschaften dieser Bauten und ihre Funktion am besten. Nach einer Restauration befindet sie sich wieder in perfektem Zustand und ist für Besucher zugänglich. Der Anbau von Weizen wurde jedoch vom Weinanbau verdrängt, weshalb man im Dorflokal den unverfälschten Wein der Gegend probieren kann.

Die Mühle von El Pilar, Zeuge vergangener Zeiten und Arbeiten

6 FAR DE FORMENTERA
(FAR DE LA MOLA)

Hier ist für Formentera "das Ende der Welt", wo man über dem Meereshorizont täglich die Sonne aufgehen sehen kann – ein kostenloses Schauspiel für alle, die die Nacht durchgemacht haben oder Frühaufsteher sind. Der Standort des Leuchtturms ist an sich schon die höchste Stelle der Insel und die etwa zwanzig Meter Höhe des Leuchtturms selbst machen das Schwindelgefühl noch stärker. Er ist die Krönung einer überwältigenden Landschaft, zu der man auf einer geraden Straße gelangt, die das Netz der bestellten Felder durchschneidet. Auf beiden Seiten des Leuchtturms lässt sich die steil abfallende Küste betrachten. Mit diesem einfachen Monument dankte man dem Romanautor mit Zukunftsblick **Jules Verne**, der die Abenteuer von Hector Servadac, der Hauptperson seines Werkes "*Reise durch das Reich der Sonne*", auf ein reichlich irreales Formentera verlegt hat.

Die gewaltige Steilküste lässt den Leuchtturm klein aussehen

Der Leuchtturm, ein strahlender Meilenstein über dem Mittelmeer

7 COVA D'EN JERONI

Auf Formentera gibt es viele Höhlen. So weist z.B. die nach Norden gewandte Seite des Massivs La Mola Höhlen aller Größen und auch einige Grotten auf, von denen einige, wie die Höhle **des Fum**, sogar von einer Legende umwoben sind: Man erzählt von einer normannischen Expedition, die die gesamte moslemische Bevölkerung verbrannte, um sich deren Schätze anzueignen. Beim Besuch dieser Höhlen ist jedoch Vorsicht geboten, am besten sucht man fachmännische Begleitung. Das gilt besonders für die Höhlen, die vom Meer aus zugänglich sind. Im Gegensatz hierzu birgt ein Besuch der Höhle **Cova d'en Jeroni** keine Gefahren – es sei denn, man feiert zu viel in dem Bar-Restaurant, dessen Besuch den Ausflug abrunden kann. Im Rahmen eines allgemeinen Besuchs der Insel, bei dem jede Besonderheit von Interesse ist, sollte man diese Höhlen auf keinen Fall auslassen. Was gibt es erfrischenderes als eine kühle Höhle, um sich von der Standhitze abzukühlen? Diese Höhle, die sich am km 6,2 der Hauptstraße, ganz in der Nähe von **Sant Ferran** befindet, ist vor ungefähr drei Millionen Jahren entstanden. Auch wenn ihre Beständigkeit gesichert zu sein scheint, beträgt der Abstand zwischen der Höhlendecke und der Außenwelt kaum einen Meter, wie die in Fasern herunterhängenden Wurzeln beweisen. Ihre Durchschnittstemperatur beträgt 22°C und die Luftfeuchtigkeit liegt – außer wenn sich viele Besucher darin aufhalten – bei 80%. An ihren Wänden erkennt man das Vorhandensein verschiedener Minerale. Die Höhle wurde 1975 entdeckt, als man einen Brunnen aushob, um nach Trinkwasser zu suchen. Die Beleuchtung hebt die Schönheit des skulpturähnlichen Zusammenspiels von Stalaktiten und Stalagmiten hervor, von denen einige zu spaßhaften Vergleichen Anlass geben, welche die Führer gerne hervorheben.

Das Innere dieser Höhle ist voller Überraschungen

8 CAP DE BARBARIA

Die dreieckige Spitze des Inselteils **Barbaria**, als **Pla de Rei** bekannt und durch das Meer sowie durch eine Mauer namens *sa tanca d'allà dins* abgetrennt, bietet einen desolaten Anblick. Die wilde Rodung, die in der ersten Hälfte de 20. Jahrhunderts hier stattfand, weil die Braunkohle – neben dem Salz – das einzige Handelsgut der Insel war, sowie das spätere Weiden von Ziegenherden ist der Grund dafür, dass fast keine Vegetation mehr vorhanden ist.

Aber trotzdem hat ein Besuch dieser Gegend seinen Reiz. Bis zur äußerten Spitze gelangt man, indem man Besitzungen überquert, in denen die Landwirtschaft noch wie vor vielen Jahren betrieben wird. Wenn man am Kap angelangt ist, hat man eine unübertreffliche Aussicht über die Strände von **Migjorn** und **La Mola**.

9 PUNTA DE SA PEDRERA

Die Bewunderung eines Sonnenuntergangs ist der schönste Grund, diesen Ort zu besuchen, der – mit einer Höhe von kaum 15 Metern – das Meer und das umliegende Land beherrscht. Der Blick reicht bis zum magisch anmutenden Umriss des Fels-eilands von **Es Vedrà** mit Eivissa im Hintergrund. Wenn Unwetter vom Westen kommen, kann der Wellengang hier ausgesprochen beeindruckend sein, und das Profil der Felsen bildet Winkel von bildhauerischer Schönheit. Hierbei hat die Hand des Menschen mitgeholfen – *pedrera* bedeutet auf katalanisch Steinbruch – denn hier wurden viele Steinblöcke aus dem Felsen gehauen. Es handelt sich um Sandstein, der zum Bau verwendet wurde, als es noch keine anderen Materialien gab.

Am Strand **Es Caló de s'Oli**, zwischen Sa Punta und L'Estany d'es Peix, kann man ein Bad im ruhigen Meer genießen.

Der Cap de Barbaria ist das Ende Formenteras, das Afrika am nächsten liegt

Die Landzunge von Sa Pedrera, mit Es Vedrà im Hintergrund

10 WACHTÜRME

Auf Formentera gibt es mehrere Wachtürme in verschiedenem Erhaltungszustand, die aber – ganz im Sinne ihrer Architektur – immer noch sehr beeindruckend sind. Sie erinnern an eine Zeit der Unsicherheit und Angst vor den ständigen Piratenangriffen, nicht nur durch Berber oder Türken, sondern auch durch Katalanen, Franzosen oder Balearen. Aber die Zeiten haben sich geändert und die Orte, an denen sie errichtet wurden, sind heute wunderbare Aussichtspunkte, die sich für Erinnerungsfotos vor einem unendlich blauen Hintergrund anbieten. Beispiele hierfür sind der Wachturm auf dem **Cap de Barbaria**, in der Nähe des Leuchtturms, der Wachturm **des Garroveret**, der etwas weiter entfernt an der gleichen Küste liegt, die Wachtürme von **Punta Prima** und **Punta de sa Gavina**, der Wachturm von **Pi des Català** an der Küste von Migjorn und der Wachturm von **Sa Guardiola** auf der Insel S'Espalmador.

Sa Guardiola

Die Torre des Garroveret, in der Nähe des Leuchtturms des Cap de Barbaria

11 CA NA COSTA

Die in Ca na Costa gefundenen Reste bezeugen, dass dieses Gebiet bereits 2000 v. Christus besiedelt war oder von Anwohnern des Festlandes auf dem Meerwege besucht wurde. Diese Reste befinden sich auf einem kleinen, abgeschnittenen Hügel, der in den Salzwasserteich **Estany Pudent** hinter der Bucht von **Es Pujols** hineinreicht. Es handelt sich um eine der größten megalithischen Grabstätten, die auf der Insel gefunden wurden und deren Ausgrabung erst vor kurzer Zeit, im Jahr 1975, begann. Radiale Steinplatten zeugen davon, dass es sich um mehr als nur einen einfachen Dolmen handelte. Der Boden selbst ist Bestandteil der Anlage und im Ausgrabungsbereich findet man alle üblichen Merkmale von Grabstätten der Bronzezeit. Der Eingangsflur weist eine durchbohrte Steinplatte auf, die den Zugang zur Grabkammer darstellte, und der äußere Schutzring wurde doppelt angelegt. Eine weitere Plattform befindet sich außerhalb der Stätte, die neben ihrer Funktion als Grabstätte auch für rituelle Handlungen diente. Deshalb ist ihre Lage nicht verwunderlich, die dem Beobachter den Eindruck vermittelt, an einem für seine Vorfahren heiligen Ort zu sein.

Auf diesem Bild sieht man den Durchlass zur Grabkammer

Radiale Steinplatten im Megalithgebiet von Ca na Costa

⑫ *CASTELLUM* DE CAN PINS

Möglicherweise versuchten die Ureinwohner Formenteras, die Kolonisationsversuche der griechischen Seefahrer abzuwehren, welche die kleine Insel **Ophiussa**, Land der Reptile tauften. Es gibt zwar keinen Beweis für punische Ansiedlungen, aber da auf Eivissa bedeutende Reste dieser Art gefunden wurden, ist zu vermuten, dass den Karthagern die Insel nicht unbekannt war, auch wenn sie ihr nur sekundären Wert zumaßen. Sichtbarer ist hingegen die Anwesenheit der Römer, vor allem seit der Entdeckung eines militärischen Gebäudes – bzw. dessen Grundmauern, da es offensichtlich nicht fertiggestellt wurde – an einem Ort namens **Can Pins** bzw. **Campanitx**, sehr nahe beim *Camí Vell* und auf Höhe von km 10 der Landstraße nach La Mola. Einige Anzeichen geben Anlass zu der Vermutung, dass das Projekt den allgemeinen Proportionen für diese Art von Festungen entsprach und dass seine Lage das strategische Ziel hatte, die Steilhänge des zentralen Isthmus zu bewachen. Eine kleine Nekropolis, die auf dem in der Nähe gelegenen Grundstück **Can Blay** gefunden wurde, wird mit dem Vorhandensein einer militärischen Einheit in Zusammenhang gebracht. Man kann nur bedauern, dass diese wertvollen Informationen, die die Ausgrabung des "*castellum*" mit sich brachte, erst sehr spät bekannt wurden, als die Steinblöcke, die sich in perfektem Zustand befanden, bereits als moderne Kunstwerke ihren Weg zu den benachbarten Besitzungen angetreten hatten.

Eine der Ecken der unvollendeten römischen Festung in Can Pins

AUSGFLÜGE ZU FUß ODER MIT DEM FAHRRAD

Die im Folgenden beschriebenen Ausflüge auf der Insel wurden jeweils für bestimmte Inselabschnitte geplant und sind so ausgelegt, dass man sie entweder zu Fuß oder mit dem Fahrrad machen kann. Die meisten Strecken kann man auch mit dem Motorrad oder Auto zurücklegen, wobei sie natürlich einen Großteil ihres Reizes einbüßen. Man muss direkt mit der Natur in Berührung kommen, Wind und Sonne auf der Haut spüren, Gerüche aufnehmen... und dabei alles vermeiden, was die ohnehin durch den sommerlichen Bevölkerungszuwachs belastete Umwelt weiter gefährden könnte.

Die Beschreibungen der Routen sollen einen Anhaltspunkt darüber geben, was in jeder Gegend von größtem Interesse ist. Es hat wenig Sinn, die Wege im Inneren der Insel, die oft schwer zu finden sind, systematisch zu verfolgen. Um wiederholte Beschreibungen bestimmter Orte zu vermeiden, wird hinter der Ortsbezeichnung in Klammern die Seitenzahl angegeben, auf der der jeweilige Ort beschrieben wird. Die Überschriften der verschiedenen Ausflugsrouten bezeichnen jeweils den Ausgangs- und den Zielort, wenngleich man die Reihenfolge der Stationen natürlich beliebig an die eigenen Bedürfnisse anpassen kann.

1 LA SAVINA | ESTANY PUDENT | CA NA COSTA | SES SALINES | MOLÍ DES CARREGADOR

Von Interesse: Kultur, Landschaft, Umwelt und Vogelwelt
Dauer: ca. 2.30 Stunden

Kurz nach Beginn der Straße von La Savina nach Es Pujols zweigt nach rechts der Weg *Camí de S'Estany* ab, der den See umrundet, bis man in die Umgebung von **Es Pujols** gelangt. An dieser Stelle zeigt ein Schild den Weg *Camí Des Brolls* an. Dieser Weg, flach und unasphaltiert, lässt einen die ursprüngliche Vegetation der Umgebung genießen, Vögel beobachten und schöne Eindrücke aufnehmen.

Auf dem Rückweg über die Straße nach La Savina führt eine Abzweigung nach links zu den archäologischen Funden von **Ca na Costa** (S.74) und ein weiterer Weg auf der rechten Seite zum Strand von **Ses Canyes**. Kurz danach führt eine Abzweigung nach Ses Illetes und man kommt an den Salzwasserseen von **Ses Salines** (S.58) vorbei. Schließlich gelangt man zum **Molí des Carregador** (von dort aus sind auch die Strände von Platja de Llevant oder Ses Illetes zu Fuß erreichbar). Der Strand von **Cavall d'en Borras** (S.40) ist der geeignetste Ort, um eine Rast einzulegen. Von den Lokalen Del Molí oder Sa Síquia aus, die an den beiden Enden des Strandes liegen, kann man mit einem erfrischenden Getränk in der Hand den Sonnenuntergang genießen.

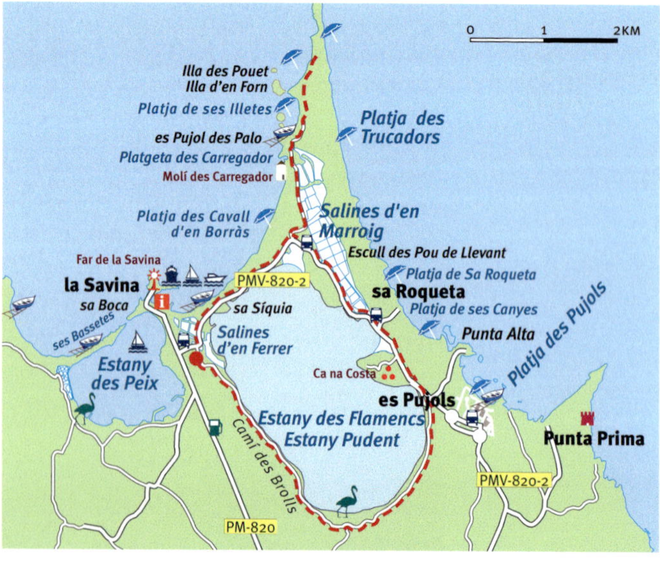

Ein Spaziergang in den Salinen beruhigt die Gemüter und stellt eine Verbindung zur Natur her

Bei Sonnenuntergang erfüllt das visuelle Schauspiel die Betrachter mit Frieden und Gelassenheit

2 SANT FRANCESC | ESTANY DES PEIX | PUNTA DE SA PEDRERA | SON MARROIG | TORRE DE LA GAVINA

Von Interesse: Kultur, Landschaft, Freizeitvergnügen (für Kinder empfehlenswert)

Dauer: ca. 3.30 Stunden

Am Ortsausgang von Sant Francesc nimmt man den unteren Weg (*Camí de baix*) von Port-Salè zum See **Estany des Peix** (S. 56). Anschließend folgt man dem Weg des Estany des Peix (beginnt man den Ausflug in La Savina, wäre dies der Ausgangspunkt), um zum **Caló de s'Oli** zu gelangen, wo ein Bad empfehlen ist. Zur Steilküste von **Punta de sa Pedrera** (Steinbuch) (S. 70) gelangt man nur zu Fuß. Die Küste verläuft unregelmäßig und ist von Meer und Menschenhand geprägt: Man kann immer noch sehen, dass nah am Meer Steinblöcke herausgeschnitten wurden, um so ihre Verschiffung zu erleichtern. Anschließend an diesen Spaziergang kann man den Freizeitpark von **Ca'n Marroig** besuchen (das große Haus des früheren Anwesens ist der sichtbare Anhaltspunkt), der mit verschiedenen Einrichtungen ausgestattet ist, wie einem Bereich für Barbecues und einem Kinderspielplatz. Mit dem Abstecher über die Steilküste zum **Torre de Sa Gavina**, der diesen Teil der Küste beherrscht, wird der Ausflug abgesundet.

Der Platz in Sant Francesc ist das Zentrum aller Aktivitäten auf der Insel

Die Wellen und menschliche Hände haben diese Steilküste geformt

3 SANT FRANCESC | CALA SAONA | CAP DE BARBARIA | SANT FRANCESC

Von Interesse: Kultur, Landschaft und Natur

Dauer: ca. 4 - 5 Stunden

Auf der ersten Wegstrecke bringt uns der Weg Camí dalt (oberer Weg) von Porto-Salè bis zum Weg nach Cala Saona. Diese Route ist eine Alternative zur Straße und ermöglicht uns einen engeren Kontakt zur Umwelt. Sie bringt uns direkt zum Strand von **Cala Saona** (S. 48), dem schönsten Ort der gesamten Westküste, ideal, um eine Rast einzulegen und neue Kraft zu schöpfen, bevor es weitergeht.

Danach kehrt man für ein paar Kilometer auf den Asphalt zurück bis zum *Camí des Cap*, der durch den Wald verläuft und uns für die wenigen Abschnitte, die mit dem Fahrrad etwas schwieriger zu bewältigen sind, reichlich entschädigt.

Am Ende der Strecke in Richtung **Cap de Barbaria** (S. 70) zeigen Schilder das Vorhandensein dreier archäologischer Fundstellen an. Am Kap selbst sollte man sich zu Fuß dem Wachturm nähern, der etwa fünfhundert Meter links vom Leuchtturm liegt.

The Cala Saona beach attracts beach and sea loving tourists

Cap de Barbaria

4 SANT FRANCESC | TORRENT DE S'ALGA | SANT FRANCESC

Von Interesse: Landschaft

Dauer: ca. 2 Stunden

Hinter dem Ortskern von Ses Bardetes verlässt man die Straße nach Cap de Barbaria und kommt auf den Weg *Camí vell des Cap*, der nicht asphaltiert ist. Weiter geht es über den Weg *Camí de can Parra*, der streckenweise wieder asphaltiert ist. Bei diesem Ausflug handelt es sich einfach darum, in einer Gegend, deren ländliche Architektur noch im Originalzustand vorhanden ist, spazieren zu gehen oder in die Pedale zu treten. Der Weg verläuft zwischen kleinen Steinmauern, die die Saatfelder vor dem Wind schützen, was einem den Eindruck vermittelt, gar nicht auf einer Insel zu sein, die mit Strandtourismus "gesegnet" ist. Diesen Eindruck hat man auch, wenn man sich dem Meer bei **Torrent de s'Alga** nähert und in der Ferne die Strände von **Migjorn** (S. 44), die unglaublichen Farbtöne des Wassers und zum Abschluss die allgegenwärtige Silouette von La Mola betrachtet. Der Rückweg führt wieder über den asphaltierten *Camí des Migjorn*.

Im alten Stil gebaute Steinmauern schützen die Felder vor dem Wind

5 ES CALÓ DE SANT AGUSTÍ | CAMÍ ROMÀ | EL PILAR | ES CALÓ

Von Interesse: Kultur und Landschaft, Umwelt und Vogelwelt
Dauer: ca. 2 Stunden

In der Nähe des Kilometersteins 12,4, der nach Landstraße nach El Pilar führenden Landstraße, weist ein Hinweisschild auf den Zugang zur Weg *Camí Romà*. Man kann einen Teil der Wanderung zu Fuß machen, es ist jedoch ratsam, das Fahrrad mitzuführen, wenn dann der Abstieg erfolgt. Wer das Fahrrad nicht benutzten möchte, hat stets die Möglichkeit von **El Pilar** aus mit einer regelmäßig verkehrenden Autobuslinie zurückzufahren.

Der Weg *Camí Romà* oder Weg *Camí de Sa Pujada* ist ein alter Kopfsteinpflasterweg, der entlang der Felsenküste verläuft und einen herrlichen Ausblick über ganz Formentera bis S'Espardell, bietet. Er wird auch als *Frares* bezeichnet, denn es ist nicht sicher, ob ihn die Römer angelegt haben oder ob ihn stattdessen die augustinischen Mönche benutzten und ihn es **Caló de Sant Agustí** (S. 24) tauften nach dem Namen ihres Schutzpatrons. Oben angekommen, genießt man den Schatten und Wohlgeruch des Waldes. Auf dem Rückweg kann man bei **Es Mirador** innehalten, einem Ort, von dem man stets einen guten Blick auf die Insel hat sowie auf die Landschaft von Eivissa in der Ferne.

Es Mirador – ein hervorragender Ort, um Kräfte zu tanken und die Aussicht zu genießen

Vom Blau des Meeres führt der Weg nach oben, dem Himmel entgegen

6 EL PILAR | CAMÍ DE SA CALA | TORRENT DE SA FONTANELLA

Von Interesse: Landschaft, Natur und Vogelwelt

Dauer: ca. 3 Stunden

Die erhöhte Plattform von **La Mola** verbirgt eine schöne Landschaft, die sich einem eröffnet, wenn man die Landstraße verlässt und in Richtung Küste wandert. In Richtung Norden kann man vom *Camí de sa Cala* aus die hohen Steilwände bewundern und wunderbare Ausblicke genießen. Das letzte Stück muss man zu Fuß gehen, aber auf diese Weise lernt man noch besser die kleinen Details zu schätzen, mit denen uns die Natur überrascht. Man gelangt an so beeindruckende Orte, wie die Stelle, wo die Schlucht **Sa Fontanella** sich mit der Schlucht **Es Jai** vereinigt – ein unübertreffliches Beispiel für das makellose Zusammenspiel der Elemente.

7 EL PILAR | S'ESTUFADOR

Von Interesse: Landschaft

Dauer: ca. 3 Stunden

Der Weg nach *S'Estufador* offenbart uns die Verschiedenheit der anderen Seite der Insel. Er führt durch den Wald und ist der einzige Weg in der Umgebung, der bis zum Meer seicht, wo man in verlockend glasklarem Wasser ein erfrischendes Bad nehmen kann.Für diesen Ausflug und auch für Ausflug Nr. 5 bildet der Besuch des Straßenmarkts in **El Pilar** (S. 24) der idealen Abschluss. Daher sollte man den Ausflug so planen, dass er an einem der Markttage stattfindet. Und auch wenn die Empfehlung nahe liegend erscheinen mag, darf man einen Besuch des Leuchtturms (S. 66) am Ende der Straße und der Kornmühle (S. 64), die kurz nach der Abzweigung des *Camí Fondo* liegt, nicht vergessen.

Dank seiner beherrschenden hohen Position ist La Mola ein hervorragender Aussichtspunkt

La Mola wirkt wie eine Festung, die die Insel vor der Brandung schützt

VOLKSFESTE

Trotz der geringen Ausmaße der Insel finden in Formentera eine Vielzahl von Festen statt, die meistens zu Ehren der Schutzpatrone der verschiedenen Orte gefeiert werden.

Bemerkenswert ist, dass bei allen Festlichkeiten sehr alte Sitten lebendig geblieben sind, wie Kegelspiele (*tirada de galls*) oder Bauernlieder (*cantada pagesa*), aber auch Folkloretänze fehlen nie. Zum Klang von Trommeln, Flöten und großen brandgravierten Kastagnetten tänzeln die jungen Mädchen mit kleinen Schritten, während ihre Verehrer als "Annäherungstaktik" spektakuläre Sprünge vollziehen. Die Männer tragen eine rote Schärpe und eine Jakobinermütze, die Frauen mehrere übereinander gelagerte knöchellange Röcke und auf der Brust die so genannte *emprendada*. Dieses Schmuckstück, das aus verschiedenen Ketten und Broschen besteht, ist in Formentera ein Identitätszeichen, das mit großem Respekt und Traditionstreue erhalten wird. In Handarbeit mühsam hergestellt, ist es der ganze Stolz der jungen Mädchen und ihrer Familien.

FEIERTAGSKALENDER

30. Mai: An diesem Tag wird das Fest des **Sant Ferran** (St. Ferdinand) im Ort gleichen Namens gefeiert. Die zahlreichen Festakte finden auf dem einzigen Platz des Ortes, dem Kirchplatz, statt.

24. Juni: Das Feiern des Johannisfests – **Sant Joan** – ist eine im Mittelmeerraum fest verankerte Sitte, die in letzter Zeit wieder mit viel Rummel auflebt. Am Abend der kürzesten Nacht des Jahres werden Scheiterhaufen in einer Zeremonie der Erneuerung angezündet, um altes und unnützes Holz dem reinigenden Feuer zu opfern. Dieses Fest wird hauptsächlich in El Pilar (La Mola) mit Feuerwerk gefeiert.

16. Juli: Das Fest der Heiligen **Carme** wird vor allem in La Savina und Es Pujols gefeiert. Die meisten Festakte finden dabei auf dem Meer statt. Hervorzuheben sind die Seeprozessionen, bei denen die Marienfigur der Heiligen Carme, der Schutzherrin der Seeleute, auf einem Schiff über das Wasser gefahren wird.

25. Juli: Die größten Feierlichkeiten finden zu **Sant Jaume** (St. Jakob), dem Schutzpatron ganz Formenteras statt und dauern mehrere Tage. Sant Francesc ist der Mittelpunkt dieser Festivitäten.

5. August: An diesem Tag wird die Heilige **de les Neus** verehrt, die Schutzpatronin der Pitiusen (Eivissa und Formentera). Dieses Fest, dessen Programm auch kulturelle Veranstaltungen enthält, wurde wieder neu eingeführt, nachdem es viele Jahre lang in Vergessenheit geraten war.

12. Oktober: Die Heilige **del Pilar** wird in La Mola verehrt. Die Feierlichkeiten fallen traditionell mit den ersten Schlachtfest zusammen, das wie in uralten Zeiten auf den Bauernhöfen stattfindet. Obwohl die Sitte langsam in Vergessenheit gerät, bietet sie doch eine gute Gelegenheit, die einheimischen Wurstwaren zu kosten: *Sobrassada* und *Botifarró*.

3. Dezember: Das Dorffest von **Sant Francesc** ist das einzige Fest, das in den Wintermonaten stattfindet, wenn sich nur wenige Besucher auf der Insel befinden. Dies verleiht ihm einen familiäreren, aber nicht ausschließenden Charakter. Alle freuen sich auf die Kostproben einheimischer Produkte und genießen Musik, Folklore und Feuerwerk.

Den zentralen Akt aller Feste bildet immer ein Gottesdienst

Junge Frauen tragen die "Emprendada" während der Volksfeste

HANDARBEIT

Schon immer hat der Zauber und die Anziehungskraft der Handarbeit sensible Gemüter in seinen Bann gezogen. Und viele verfügen über die Fähigkeit, mit ihren Händen Träume und Bilder in wunderschöne Kunstwerke zu verwandeln. Deshalb kommen zu den Früchten der Insel und den alten Werkzeugen, die noch immer in Handarbeit hergestellt werden, heute neuzeitliche Arbeiten, die ebenfalls das Siegel Formenteras tragen. Diese ansprechenden Andenken findet man in einigen Geschäften auf der Insel, aber nicht immer auf den vielen Straßenmärkten, die eine besondere Anziehungskraft auf die Besucher ausüben.

Sant Francesc: Täglich vormittags, außer Sonntags. Die Stände werden in den Straßen Carrer Jaume I und Carrer Arxiduc Lluís Salvador (Fußgängerzone) sowie in einigen Querstraßen aufgebaut und reichen bis zum Plaça de sa Constitució.

El Pilar: Mittwochs und Sonntags nachmittags auf einem extra hierfür vorgesehenen Platz an der Landstraße. Alle Artikel, die hier angeboten werden, wurden auf der Insel hergestellt. Straßenmusiker schaffen ein heiteres Ambiente.

Es Pujols: Täglich (nachmittags und abends). Die Verkäufer bauen ihre Stände in der Av. de Miramar zwischen dem Strand und den Bar- und Restaurantterassen auf.

Sant Ferran: Donnerstags und Freitags (nachmittags und abends) in der Carrer Major. Kunstmarkt.

La Savina: Täglich (vormittags und nachmittags). Passeig de la Marina.

Puppen in der typischen Bauerntracht

Stand eines typischen Straßenmarkts mit kunsthandwerklichen Produkten

GASTRONOMIE

Die Essgewohnheiten hängen eng mit den Traditionen und der Lage eines jeden Ortes zusammen. Da man auf einer Insel ist, ist es nicht verwunderlich, dass die Einwohner den Fisch zu einem der Hauptgerichte der örtlichen Gastronomie gemacht haben.

Der frisch gefangene Fisch wird auf verschiedenste Arten exquisit zubereitet wie z.B. als *Guisat* oder *Bullit de peix* (eine Art Eintopf) oder in Reisgerichten (*arroç marinera* oder *arroç a banda*).

Empfehlenswert sind aber auch andere Gerichte, wie die *Ensalada pagesa* (Bauernsalat), *Arròs de matances* (Reis mit Schlachtwurst) oder der *Sofrit pagès* (Bauernpfanne). Oder die exquisiten Empanades (Teigpasteten), die mit Zutaten aller Art gefüllt und noch in den alten Holzöfen gebacken werden.

Als Nachspeise empfehlen wir einheimische Süßspeisen wie z.B. *Greixonera*, *Flaons*, *Bunyols* (Krapfen) und *Orelletes*. Der in Handarbeit hergestellte Käse verdient besondere Erwähnung, wird aber leider nur in geringen Mengen produziert.

RESTAURANTS

ES CALÒ

Pascual
Reisgerichte, frischer Fisch.
Tel. 971 32 70 14

Rafalet
Paella, Fisch.
Tel. 971 32 70 77

ILLETES

Es Molí de Sal
Caldereta de llagosta (Langusteneintopf), Fisch.
Tel. 971 18 74 91

Tanga
Paellas, Languste.
Tel. 971 18 79 05

ES MIGJORN

Els Arenals
Paella, Fisch, Languste
Tel. 971 32 81 12

Es Cupina
Schalentiere, Reisgerichte.
Tel. 971 32 72 21

Real Playa
Fisch, Schalentiere.
Tel. 971 18 76 10

Sa Platgeta
Lamm, Fisch.
Tel. 971 18 76 14

ES PUJOLS

Caminito
Fleisch, Grillgerichte.
Tel. 971 32 81 06

Capri
Languste, frischer Fisch.
Tel. 971 32 83 52

Luzius
Reisgerichte, frischer Fisch.
Tel. 971 32 84 17

Sa Palmera
Paella, Fisch.
Tel. 971 32 83 56

Pinatar
Reisgerichte, frischer Fisch.
Tel. 971 32 81 37

EL PILAR

Can Blaiet
Einheimische Küche.
Tel. 971 32 70 92

El Mirador
Salate, Paellas.
Tel. 971 32 70 37

Pequeña Isla
Internationale Küche.
Tel. 971 32 70 68

SANT FERRAN

Can Forn
Fleisch, Fisch.
Tel. 971 32 81 55

Fonda Pepe
Einheimische Küche.
Tel. 971 32 80 33

SANT FRANCESC

Fonda Plate
Internationale Küche.
Tel. 971 32 23 13

Pa i vi
Einheimische Küche.
Tel. 971 32 33 23

CALA SAONA

Es Cap
Einheimische Küche.
Tel. 971 32 21 04

El Sol
Paella, Fisch, Fideuà (Nudelgericht).
Tel. 971 18 75 91

LA SAVINA

Bahia
Einheimische Küche.
Tel. 971 32 21 42

Bellavista
Caldereta (Fisheintöpfe), Reisgerichte, frischer Fisch.
Tel. 971 32 22 55

Sa Sequi
Caldereta, Reisgerichte, Fisch.
Tel. 971 18 74 94

Inseltypische Produkte

UNTERKÜNFTE

Die Fremdenunterkünfte verteilen sich in Formentera auf verschiedene Komplexe und Hotels mittlerer Größe, Gebäude und Zentren aller Kategorien, sowie eine Anzahl kleinerer Herbergen, die meist direkt vom Eigentümer bewirtschaftet werden.

Cat.	**Name**	*Tel.*	**Appart.**
ES CALÓ			
Appartements			
★★★	**Es Caló**	971 32 72 56	**20**
★★★	**Ses Basses de s'Aigua**	971 32 35 05	**3**
★	**Campanitx**	971 32 35 05	**8**
★	**El Pino**	971 32 74 10	**8**
★	**Escandell**	971 32 70 49	**8**
★	**La Gaviota**	610 75 71 49	**9**
★	**Pascual**	971 32 71 09	**8**
★	**Pinomar**	971 32 71 26	**11**
★	**Ses Botges**	971 32 23 28	**5**
★	**Ses Clotades**	971 32 83 75	**6**
Pensionen			
★★	**Can Rafalet**	971 32 70 16	**15**
★★	**Mar Blau**	971 32 70 30	**10**
★	**Entrepinos**	971 32 70 19	**44**

Cat.	**Name**	*Tel.*	**Appart.**
Gästehäuser			
	Miramar	971 32 70 60	**8**
ES MIGJORN			
Ferienclubs			
★★★	**Club Maryland**	971 32 70 70	**325**
Appartements			
★★★	**Barba Roja**	971 32 86 11	**12**
★★	**Baumar**	971 32 81 80	**13**
★	**Can Miquel Martí**	971 32 83 23	**13**
★	**Casa Amarilla**	971 32 86 14	**6**
★	**Dunas Playas**	971 32 80 41	**22**
★	**Els Arenals**	971 32 81 12	**13**

Cat.	Name	Tel.	Appart.
★	**Es Pinar**	971 32 85 64	**7**
★	**Es Pins**	971 32 82 91	**19**
★	**Estel**	608 98 92 77	**9**
★	**Laura**	971 32 82 92	**4**
★	**Las Dunas**	971 32 21 93	**8**
★	**La Palmera**	971 32 81 38	**13**
★	**La Viña**	971 32 82 91	**7**
★	**Los Cactus**	971 32 85 64	**3**
★	**Isabel**	971 32 80 24	**6**
★	**Marbay**	971 32 82 91	**24**
★	**Meridium**	619 53 72 54	**10**
★	**Miquel Blai**	971 32 26 56	**10**
★	**Nuevo Es Pins**	971 32 82 91	**8**
★	**Paraiso Los Pinos**	971 32 26 13	**20**
★	**Pueblo Balear**	610 07 23 68	**9**
★	**Sa Sargantana**	639 98 12 07	**8**
★	**Ses Eufabietes**	971 32 25 95	**15**
Hotels			
★★★★	**Forment. Playa**	971 32 80 18	**333**
★★★★	**Riu La Mola**	971 32 70 00	**328**
★	**Ca Marí**	971 32 81 80	**32**
Pensionen			
★★	**Casbah Migjorn**	971 32 25 95	**29**
★	**Agua Clara**	971 32 81 83	**25**
★	**Costa Azul**	971 32 80 24	**13**
★	**Maysi**	971 32 85 47	**25**
★	**Santi**	971 32 83 75	**20**
★	**Solymar**	971 32 81 80	**38**
Gästehäuser			
	Es Pi	971 32 85 58	**8**
	Es Pi II	971 32 80 00	**19**

ES PUJOLS

Cat.	Name	Tel.	Appart.
Ferienclubs			
★★★	**Club Punta Prima**	971 32 82 44	**94**
Appartements			
★★★	**Castavi**	971 32 85 21	**45**
★★★	**Paya II**	971 32 84 47	**24**
★★	**Arcos de Formentera**	971 32 84 19	**20**
★★	**Costa Mar I und II**	971 32 90 38	**44**
★★	**Mirada II**	971 32 88 45	**82**
★★	**Paya I**	971 32 84 47	**24**
★★	**Portu Saler**	971 32 87 07	**63**
★	**Arrecife**	971 32 88 58	**30**
★	**Carmen**	971 32 84 47	**15**
★	**Ca sa Vilda**	971 32 81 19	**4**
★	**Catalina**	971 32 82 80	**12**
★	**Es Pujols**	971 32 82 82	**45**
★	**Formentera**	971 32 88 29	**9**
★	**Impala**	971 32 83 56	**19**
★	**Mar Blau I und II**	971 32 83 01	**27**
★	**Marcelino**	971 32 83 10	**6**
★	**Marí**	971 32 82 47	**2**
★	**María**	971 32 81 22	**16**
★	**Pou des Pujols**	971 32 88 39	**16**
★	**Roca Plana**	971 32 83 62	**12**
★	**Sala**	971 32 81 67	**4**
★	**Sa Beurade**	971 32 85 49	**7**
★	**Timón**	971 32 84 93	**20**
★	**Verde Mar**	626 70 39 85	**4**
Hotels			
★	**Roca Bella**	971 32 81 30	**60**
★	**Levante**	971 32 81 93	**39**
Pensionen			
★★★	**Rosales**	971 32 81 23	**16**
★★★	**Sa Volta**	971 32 81 25	**18**
★★	**Roca Plana**	971 32 83 35	**47**
★★	**Tahití**	971 32 81 22	**74**
★★	**Voramar**	971 32 81 19	**40**
★	**Alemania**	971 32 84 36	**11**
★	**Cala Es Pujols**	971 32 82 27	**30**
★	**Capri**	971 32 83 52	**16**
★	**Mayans**	971 32 87 24	**23**
Pensionen (Fondes)			
	Pinatar	971 32 81 19	**15**

SA ROQUETA

Cat.	Name	Tel.	Appart.
Appartements			
★	**Espalmador**	971 32 82 77	**3**

Cat.	Name	Tel.	Appart.
★	**Laguna**	971 32 84 76	**6**
Hotels			
★	**Lago Playa**	971 32 85 51	**26**
Pensionen			
★	**Lago Playa II**	971 32 85 07	**22**
★	**Rosamar**	971 32 84 73	**26**
★	**Sa Roqueta**	971 32 85 06	**33**

SANT FERRAN

Cat.	Name	Tel.	Appart.
Appartements			
★	**Mayans**	971 32 84 39	**6**
Pensionen			
★	**Illes Pitiuses**	971 32 87 40	**26**
★	**Pepe**	971 32 80 33	**36**
Gästehäuser			
	Bon Sol	971 32 88 82	**8**
	Verdera	971 32 81 45	**5**

SANT FRANCESC

Cat.	Name	Tel.	Appart.
Appartements			
★	**La Masia**	626 32 43 18	**8**
Gästehäuser			
	Del Centro	971 32 20 63	**7**
	Can Rafal	971 32 22 05	**8**

CALA SAONA

Cat.	Name	Tel.	Appart.
Appartements			
★	**Punta Rasa**	971 32 20 15	**19**
Hotels			
★★★	**Cala Saona**	971 32 20 30	**116**

LA SAVINA

Cat.	Name	Tel.	Appart.
Appartements			
★	**Savina Playa**	971 32 25 81	**48**
★	**Es Cuartel des Carabiners**	971 32 21 64	**3**
★	**Mar i Vent**	971 32 20 90	**6**
★	**S'Església**	971 32 21 64	**3**
★	**Sa Revista**	971 32 21 64	**5**
★	**Salinas**	971 32 21 64	**7**
★	**Vistamar**	971 32 23 66	**14**
★	**Toni Xumeu**	971 32 21 64	**4**
★	**Dos Estanques**	971 32 21 34	**12**
Pensionen			
★	**Bellavista**	971 32 33 24	**40**
★	**Bahía**	971 32 21 42	**39**
★	**La Savina**	971 32 22 79	**39**
★	**Lago Dorado**	971 32 22 67	**25**
Gästehäuser			
	Micalet	659 96 31 47	**10**

Ein besonderes Vergnügen im Urlaub: Essen mit Blick aufs Meer

Das Kommen und Gehen der Reisenden an den Anlegestegen

ÖFFENTLICHE TRANSPORTMITTEL

Eine Fährverbindung nach Formentera besteht nur von Eivissa (Stadt) aus. Manche Schiffe sind so alt, dass sich die Überfahrt in eine pittoreskes Abenteuer verwandelt, andere sind Autofähren.Die Preise richten sich nach der Schnelligkeit bzw. nach den angebotenen Möglichkeiten.

Die Überfahrt dauert zwischen 25 und 50 Minuten.Um auf dem Meerweg nach Eivissa zu gelangen, bieten Barcelona, Palma de Mallorca, València und Dénia regelmäßige Fährverbindungen an (einige Fähren legen jedoch am zweiten Hafen Eivissas, Sant Antoni, an, weshalb sie nicht so empfehlenswert sind). Eine weitere Möglichkeit besteht darin, nach Eivissa zu fliegen, wofür ein so umfangreiches Angebot herrscht, dass man sich am besten an ein Reisebüro wendet.

Da ein genauer Fahr– bzw. Flugplan nicht angegeben werden kann, weil die Zeiten im Laufe des Jahres ständigen Änderungen unterliegen, geben wir nachstehend die Telefonnummern der verschiedenen Beförderungsunternehmen an. Die Firma Acciona-Trasmediterránea ist die Einzige, die keinen Anschluss Eivissa-Formentera anbietet.

Balearia	902 16 01 80	*www.balearia.net*
Mediterránea Pitiusa	971 32 24 43	*www.medpitiusa.net*
Iscomar	902 11 91 28	*www.iscomar.es*
Trasmapi	902 31 44 33	*www.trasmapi.com*

Im Sommer fahren die Fähren so oft, dass man die Abfahrtszeiten nicht unbedingt nachzufragen braucht. Man kann auch Ausflugsschiffe benutzen, die in Figueretes, Platja d'en Bossa, Sant Antoni oder Santa Eulàlia (alles Orte in Eivissa) anlegen. Auf Formentera selbst bestehen Busverbindungen zwischen den wichtigsten Ortschaften und Touristenzentren, man sollte sich jedoch nach dem Fahrplan erkundigen, da dieser sich im Laufe des Jahres ändern kann.

Autocares Paya	971 32 31 81
Autocars Pitiusa Sud	971 32 90 33

FAHRZENGVERMIETUNG

Anstatt den eigenen Wagen mitzubringen, ist es empfehlenswert, einen Wagen zu mieten, es sei denn, man hat vor, für einen längeren Zeitraum zu bleiben. Die Autovermietung bietet oft auch Motorräder (die meisten vom Typ "Scooter") und Fahrräder (auch Mountainbikes) an. Letztere Möglichkeit ist für viele Besucher ideal, denn

sie ist umweltfreundlich und die Entfernungen auf der Insel sind kein Problem, wenn man auch nur einigermaßen in Form ist.

Autos Ca Marí	971 32 88 55
Autos es Caló	971 32 70 42
Autos Formentera	971 32 28 17
Autos Isla Blanca	971 32 25 59
Autos La Laguna	971 32 84 92
Autos San Fernando	971 32 26 95
Proauto	971 32 32 26
Formotor	971 32 29 29
Cars La Savina Motos	971 32 22 75
Motorent Migjorn	971 32 23 06
Motorent Pujols	971 32 21 38
AVIS	971 32 10 13
BK	971 32 32 47

KULTURELLES ANGEBOT

Verschiedene Veranstaltungen kultureller Art finden im Gemeindesaal von Sant Francesc statt – unter anderem werden dort Filme vorgeführt. Aber auch in den von den Banken CaixaBank und BMN „Sa Nostra" zur Verfügung gestellten Sälen für Ausstellungen und Konferenzen herrscht ein reges Angebot. Weitere interessante Orte sind das **Ethnografische Museum** (Tel. 971 32 26 70) und die **Bibliothek von Formentera** (Tel. 971 32 89 04), beide in Sant Francesc gelegen. Diese Bibliothek bietet neben einem interessanten Präsenzbestand auch Internetanschlüsse. Daneben erhält man im Buchhandel regelmäßig die lokale und ausländische Presse.

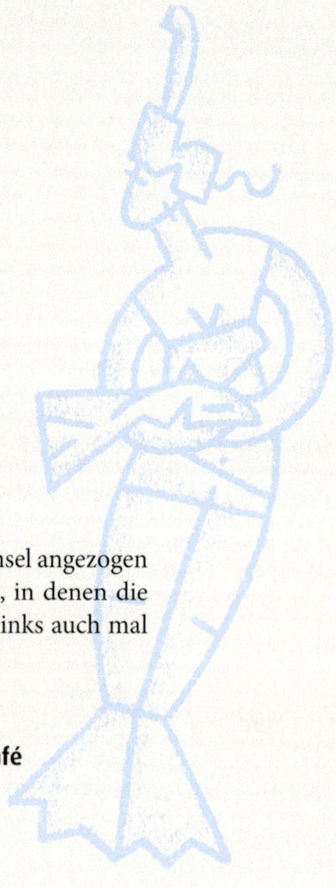

ES PUJOLS

Formentera Av. Miramar, s/n. Tel. 971 32 80 15

SANT FERRAN

Duoca Av. J. Castelló Guasch. Tel. 971 32 84 07

SANT FRANCESC

Alpe c/ Santa Maria, 57. Tel. 971 32 21 71

Es Cantó c/ Santa Maria, 24. Tel. 971 32 21 89

Tur Ferrer c/ Jaume I, 22. Tel. 971 32 20 09

LA SAVINA

Es Port Av. Mediterrània. Tel. 971 32 21 23

NACHTLEBEN

Obwohl die meisten Urlauber sich von der Ruhe der Insel angezogen fühlen, bedeutet dies nicht, dass es keine Lokale gibt, in denen die Musik etwas lauter klingt und man zwischen zwei Drinks auch mal tanzen kann. Am meisten besucht werden:

ES PUJOLS

Pachanka, Coyote, Tennis Bar, NeroPaco, Viagra's Café

SANT FERRAN

Fonda Pepe, Sa Garrafa

SPORT

Eine breite Palette von Wassersportarten bildet das Hauptangebot, aber Sportliebhaber haben auch andere Möglichkeiten, sich körperlich zu betätigen.

Sant Francesc verfügt über ein Mehrzwecksporthalle in der Straße Carrer del Institut Nou. Ein Schwimmbad und Tennisplätze befinden sich in einer Anlage in der Avda. Porto-Salè. Auskunft erhält man unter Tel. 971 32 12 40.

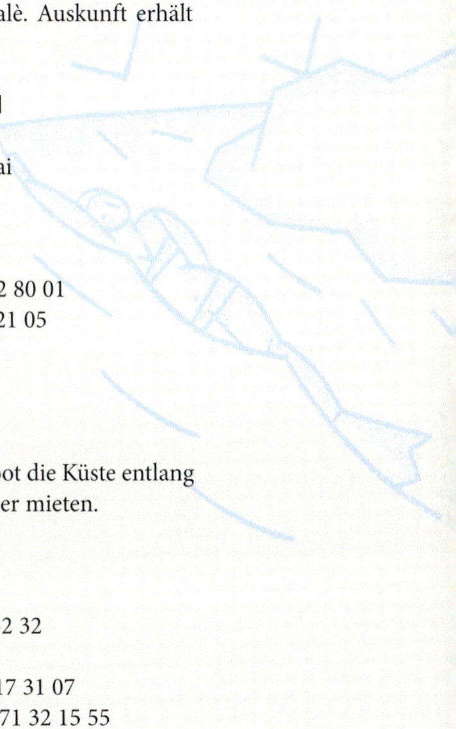

FITNESSTRAINING UND KAMPFSPORTARTEN

Akroasis Gym Sant Francesc. Tel. 971 32 30 09
Gimnasio Dojo Sant Francesc. Gebäude Pep Blai

TAUCHEN

Blue Adventure La Savina. Tel. 971 32 11 68
Hotel Riu La Mola La Mola. Tel. 971 32 70 00
Orca Sub Es Migjorn. Tel. 639 60 18 39 / 971 32 80 01
Vell Marí Diving Center La Savina. Tel. 971 32 21 05

BOOTE

Ein wundervoller Zeitvertreib ist es, mit dem Boot die Küste entlang zu fahren. Boote kann man mit und ohne Skipper mieten.

SPORTHÄFEN

Formentera Mar La Savina. Tel. 971 32 23 46
Marina de Formentera La Savina. Tel. 971 32 32 32

BOOTSVERLEIH

Barlovento Ses Illetes. Tel. 609 60 21 34 / 662 17 31 07
Centro Náutico La Savina. Tel. 971 32 32 32 / 971 32 15 55
Centro O'Neil Ses Illetes. Tel. 609 60 21 34
Centro Wet Four Fun Es Pujols. Tel. 971 32 18 09 / 670 36 63 14
Escuela Municipal de Vela La Savina. Tel. 667 56 13 50
Fast Ferrari La Savina. Tel. 699 43 80 44
Hèlix Rent a Boat La Savina. Tel. 971 32 23 73
Isla Azul La Savina. Tel. 971 32 34 24 / 606 73 24 63
Nàutica Pins La Savina. Tel. 971 32 26 51
Taxi Náutico "Salao" La Savina. Tel. 609 84 71 16

ADRESSEN

ÖFFENTLICHE EINRICHTUNGEN UND DIENSTLEISTUNGEN

Rathaus von Formentera
Plaça Constitució, 1
Sant Francesc
Tel. 971 32 10 87
971 32 20 34
www.formentera.es

Feuerwehr
Gebäude Parc de Bombers
Ctra. Sant Francesc-
La Savina, s/n
Notruf: 092 / 112

Polizeiwache
Plaça Constitució, 1
Sant Francesc
Tel. 971 32 20 87

Guardia Civil
Crtra. La Savina-La Mola,
km 2,8
Tel. 971 32 20 22

Post
c/ Pla del Rei, 114
Sant Francesc
Tel. 971 32 22 43

Taxis
Taxistand in Sant Francesc
Tel. 971 32 20 16
Taxistand in La Savina
Tel. 971 32 20 02
Taxistand in Es Pujols
Tel. 971 32 80 16
Taxiverband Formentera
Tel. 971 32 23 42

Notruf:

Tel. 061 | 112

MEDIZINISCHE DIENSTE

Ärztezentrum Formentera
Zentrum für ärztliche
Bescheinigungen
Plaça de Ses Illes Pitiúses, 13
Sant Francesc
Tel. 971 32 16 80

Krankenhaus von Formentera
Plaça Vénda des Brolls, s/n
Sant Francesc
Tel. 971 32 12 12

Dr. Lluís Martín Soledad
Gebäude Los Almendros
Sant Ferran
Tel. 971 32 84 75

Dr. Pedro Piza Caffaro
c/ Pla del Rei, 12
Sant Francesc
Tel. 971 32 28 91
619 32 58 60

Dr. Carlos Tur Serra (Zahnarzt)
c/ Jaume I, 31
Sant Francesc
Tel. 971 32 24 53

Apotheke José Mayans Ribas
c/ Joan Castelló Guasch, 21
Sant Ferran
Tel. 971 32 80 04

Apotheke Juan Torres Quetglas
c/ Sta. Maria, s/n
Sant Francesc
Tel. 971 32 24 19

Apotheke Es Pujols
Av. Miramar, s/n
Es Pujols
Tel. 971 32 86 63

Apotheke Es Caló
c/ Francesc Aragó
Es Caló
Tel. 971 32 73 98

ANDERE EINRICHTUNGEN

Oficina d'Informació Juvenil (Auskunftsbüro für Jugendliche)
Porto Saler, s/n
Sant Francesc
Tel. 971 32 34 93

Oficina d'Informació Turística (Touristeninformation)
Port de La Savina, s/n
Tel. 971 32 20 57

Fremdenverkehrsamt am Flughafen von Ibiza
Tel. 971 80 91 18

GOB Eivissa (Gesellschaft für Ornithologie und Umwelt)
C/ Major, 20
Can Llaudis (Dalt Vila)
Tel. 971 39 06 74

FORMENTERA MAP

ZEICHENERKLÄRUNG

- Leuchtturm
- Strand
- Handelshafen
- Sporthafen
- *Escar* (Fischerhütte)
- Panoramablick
- Fremdenverkehrsbüro
- Krankenhaus
- Museum
- Kirche
- Wachturm
- Freizeitpark

- Mühle
- Flügellose Mühle
- Einsiedelei
- Tankstelle
- Archäologische Überreste
- Höhle
- Schiffstouren
- Bushaltestelle
- Kajakzentrum
- Tauchzentrum
- Vogelbeobachtung
- Reitsport

- Landstraße
- Nebenstraße
- Ländlicher Weg
- Feldweg
- Pfad
- Grüne Routen

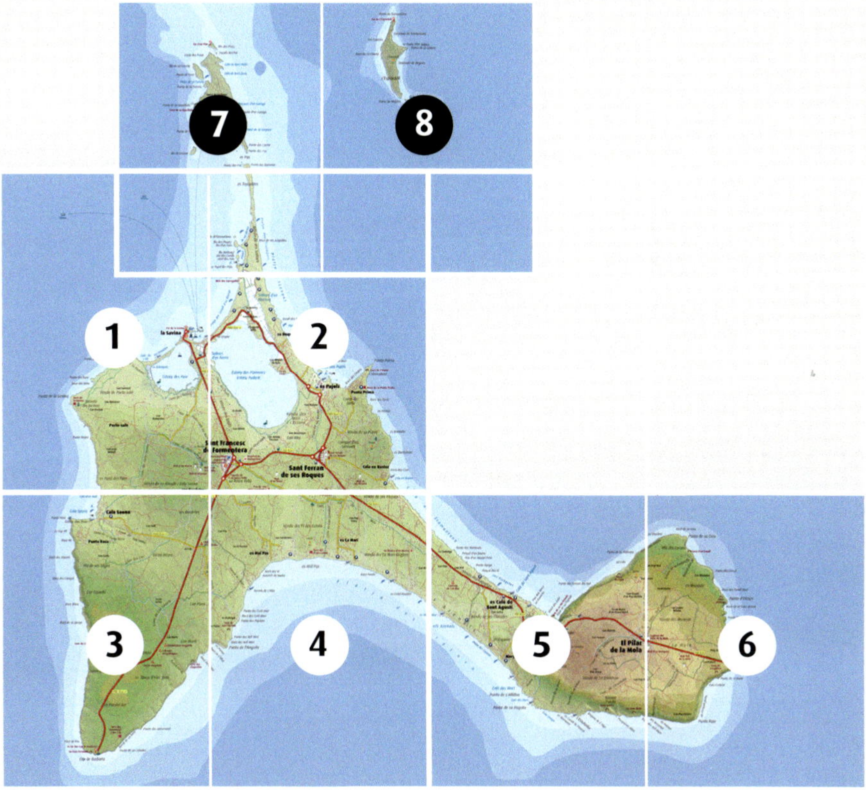
1
2
3
4
5
6
7
8
la Savina
Sant Ferran
de ses Roques
El Pilar
de la Mola

1

Illa de Castaví
Eivissa
s'Espalmad
Dénia
Punta de sa Pedrera
Punta des Terrats
es Torrió
16
Caló des Moro
Cova d'en Cabrit
Far de la Savina
la Savina
Port
sa Boca
Caló de s'Oli
ses Bassetes
Punta des Picatxo
Can Marroig
Camí de Sa Pedrera
es Estanyets
Estany des Peix
PM-820
Punta des Banc
Racó des Banc
Can Fumeral
Vénda de Porto-salè
Punta de la Gavina
Torre de la Gavina
Torrentó des Jai Marí
Can Maianset
Can Fracina
Camí de s'Estany
Can Rampuixa
Camí de Porto-salè de Baix
Porto-salè
Punta Negra
Can Joan Miquel
Camí de Cala Saona
Camí de Porto-salè de Dalt
sa Mirada
64
Molí d'en Mateu
Molins de sa Mirada
Museu

2
0
1
2KM
Punta des Pas
es Pas
Punta des Borronar
dors
Platja des Trucadors
de ses Illetes
Platja
Vénda de ses Salines
Racó de ses Ampolles
Platja de Llevant
Salines d'en Marroig
sa Revista
Can Pep Bosc
s'Església Vella
Escull des Pou de Llevant
Platja de Sa Roqueta
sa Roqueta
sa Roqueta
Platja de ses Canyes
Illa de ses Parreres
Punta Alta
Can Miquel de Baix
Ca na Costa
Illa des Fonoll Marí
Platja des Pujols
y des Flamencs
tany Pudent
Punta Prima
Cova de s'Aigua
s'Abaixadoret
Racó des Cingles
es Pujols
Torre de sa Punta Prima
Punta Prima
Camp des Batle
Racó des Forat
Can Maians
es Picatxo
PMV-820-2
Vénda des Molí de s'Estany
Camí de ses Vinyes
Vénda de sa Punta
es Quintalar
Can Mossènyer
Can Rita
Can Antoni Ferreret
Campet d'en Simonet
Prima
56
Camí de s'Estany
PM-820
Sant Ferran de ses Roques
es Quintalaret
Hospital de Formentera
Sant Ferran de ses Roques
Cala en Baster
Racó des Cans

3
Punta Negra
Can Joan Miquel
Camí de Cala Saona
Camí de Porto-salè de Dalt
sa Mirada
64
Museu
Molí d'en Mateu
Molins de sa Mirada
Molí d'en Jeroni
es Pujol des Fum
Vénda de sa Mirada i Cala Saona
Can Fumeral
ses Bardetes
PM-820-1
Caló d'en Trull
Cala Saona
Punta Rasa
Costa des Bou
ses Bardetes
Can Gall
es Cap Alt
Camí de sa Punta Rasa
Canal de Cala Saona
PMV-820-1
Racó Alt
Punta Rasa
Camí Vell des Cap
Molí d'en Simon
es Cap
Can Corda
Camí des Cap
Ca na Rossa
Racó des Xiquets
Pla de ses Sitges
Camí de Can Parra
Racó des Caragol
Can Castelló
Ca na Coixa
Camí de Can Cordeta
Can Parra
Racó Blanc
Racó de sa Llenya
Puig Guillem
113
Can Plater
Can Martí
Can Martí
Cova de s'Aigua
Establiment megalític
Can Pep Moliner
Cabanes megalítiques
Vénda des Cap de Barbaria
Torrent Fondo
Cova des Llagostins
Racó de s'Alga
Can Andreuet
Cercle megalític
Torrent de sa Fusta
sa Tanca d'Allà Dins
PM -820-1
es Pla del Rei
Torre des Garroveret o des Cap
Punta des Garroveret
Serrat de sa Torre
Racó de Ras
es Far des Cap de Barbaria
Sa Cuva Foradada
Punta de ses Cibolles
Cap de Barbaria

4
Sant Ferran de ses Roques
Can Antoni Ferreret
Can Rita
Camí de s'Estany
PM-820
Hospital de Formentera
Sant Ferran de ses Roques
Campet d'en Simonet
Prima
56
es Quintalaret
Cala en Baster
Racó des Cans
Cala en Baster
Molí d'en Teuet
Molí de ses Roques
Pou de Can Marianet Barber
Cova d'en Jeroni
Vénda de ses Roques
Costa de Tramuntana
Camí
des
Migjorn
Camí
Vell
de
la
Mola
PM-820
Camí de Can Simonet
Can Pep Costa
Vénda des Pí des Català
ses Eufabietes
Català
22
es Ca Marí
es Mal Pas
Torre des Pi des Català
na Blanca d'en Mestre
Vénda des Ca Marí-Migjorn
es Carnat
Can Pins
Can Maians
es Mal Pas
Racó des Vi
Raconet de Nedar
Racó Fondo
Torrent de s'Alga
Platja des Migjorn
es Còdol Foradat
es Arenals
es Valencians
els Arenal
Punta des Corb Marí
Racó des Corb Marí
Punta des Pujolets
des Vell Marí
es Vell Marí
de l'Anguila
0
1
2KM

5
Prima
56
es Quintalaret
Cala en Baster
Racó des Cans
Cala en Baster
Molí de ses Roques
Vénda de ses Roques
PM-820
Costa de Tramuntana
Can Pep Costa
Camí Vell de la Mola
na Blanca d'en Mestre
Vénda des Ca Marí-Migjorn
es Carnatge
Punta des Martinets
Penyal d'en Jaume
Pou d'en Miquel Pere
Punta Llarga
Penyal des Vi
Can Maians
Can Pins
Can Blai
Vénda des Carnatge
ses Platgetes
Caló de Sant Agustí
Pou des Verro
sa Graveta
Racó des
Racó Fondo
Castrum de Can Blai
es Còdol Foradat
Platjo des Migjorn
es Arenals
es Caló de Sant Agustí
Can Carles
PM-820
Camí de sa Pujada
es Valencians
Vénda de ses Clotades
els Arenals
es Copinar
Platja des Copinar
Maryland
Camí del Ram
Torrent des Arbocers
Caló des Mort
Punta de s'Alfàbia
Caló des Ram
Punta de sa Fragata
Cala Llenya

0
1
2KM
Racó de sa Creu
es Replans
Punta de sa Creu
Cingle des Cabrits
Pla des Cocons
Cova d'en Cavall
Punta de sa Palmera
sa Cala
Can Pep Blai
Torrent de sa Fontanella
Torrent d'en Jai
Punta des Llençó
Ferrer
195
Can Ferrer
Can Miquelet
Cova des Fum
nt des Gat
es Monestir
es Monestir
Racó des Fonoll Marí
Can Vicent d'en Pep Xomeu
Cova d'Estrips
Punta d'Estrips
Camí des Monestir
Camí de sa Cala
Racó de sa Cova Grossa
Ca na Maria d'en Vicent Rafel
Can Jaume Maians
Punta d'en Joan Jai
Vénda des Monestir
El Pilar
155
Punta de la Xindria
Can Naveta
Punta des Garroveret
Església del Pilar de la Mola
Can Maians
El Pilar de la Mola
La Mola
Punta de ses Roques
Talaiassa
Puig des Far
Molí d'en Botigues
PM-820
Camí de sa Talaiassa
Molí Vell de la Mola
Can Putxet
Far de la Mola
Ca sa Vilda
Camí des Torrent Fondo
Cova de s'Església
Punta des Far
Can Pep Josep
Vénda de Sa Talaiassa
Can Pep Rita
Punta de sa Ruda
Camí de s'Estufador
Cala Codolar
Torrent Fondo
Cova Grossa
es Penyals Junts
sa Cova Mala
Torrent Fondo
Can Pep Palaies
Punta Roja
Regana de s'Alga
Pesqueres Altes
Racó des Vell Marí
ses Bassetes
es Palmer
s'Estufador
Ponent

7

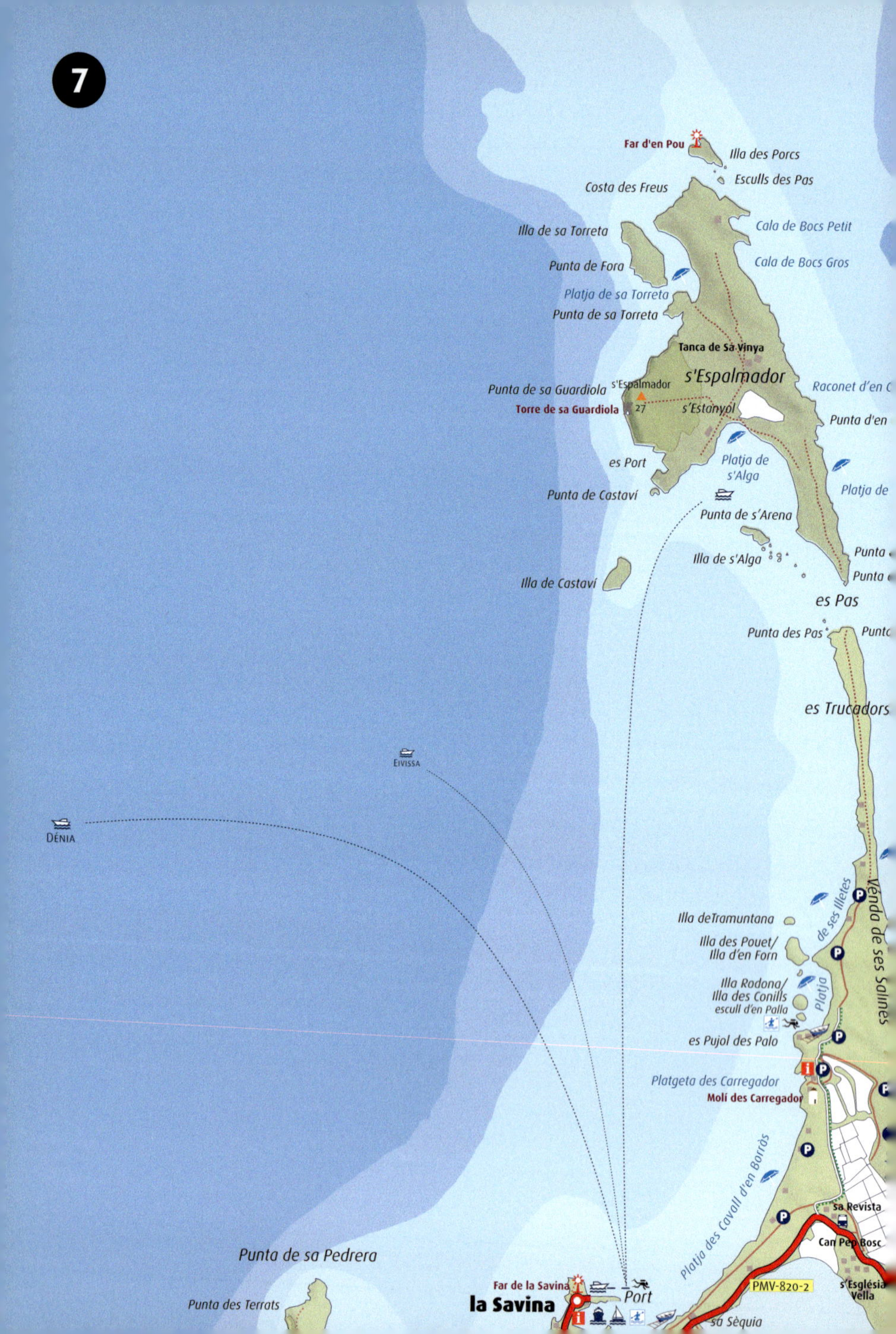

Far d'en Pou
Illa des Porcs
Esculls des Pas
Costa des Freus
Cala de Bocs Petit
Illa de sa Torreta
Cala de Bocs Gros
Punta de Fora
Platja de sa Torreta
Punta de sa Torreta
Tanca de Sa Vinya
s'Espalmador
Punta de sa Guardiola
s'Espalmador
27
Torre de sa Guardiola
s'Estanyol
Raconet d'en C
Punta d'en
es Port
Platja de s'Alga
Platja de
Punta de Castaví
Punta de s'Arena
Illa de s'Alga
Illa de Castaví
es Pas
Punta des Pas
es Trucadors
Eivissa
Dénia
Vénda de ses Salines
Platja de ses Illetes
Illa deTramuntana
Illa des Pouet/
Illa d'en Forn
Illa Rodona/
Illa des Conills
escull d'en Palla
es Pujol des Palo
Platgeta des Carregador
Molí des Carregador
Platja des Cavall d'en Borràs
sa Revista
Can Pep Bosc
Punta de sa Pedrera
PMV-820-2
s'Església Vella
Punta des Terrats
Far de la Savina
Port
la Savina
sa Sèquia

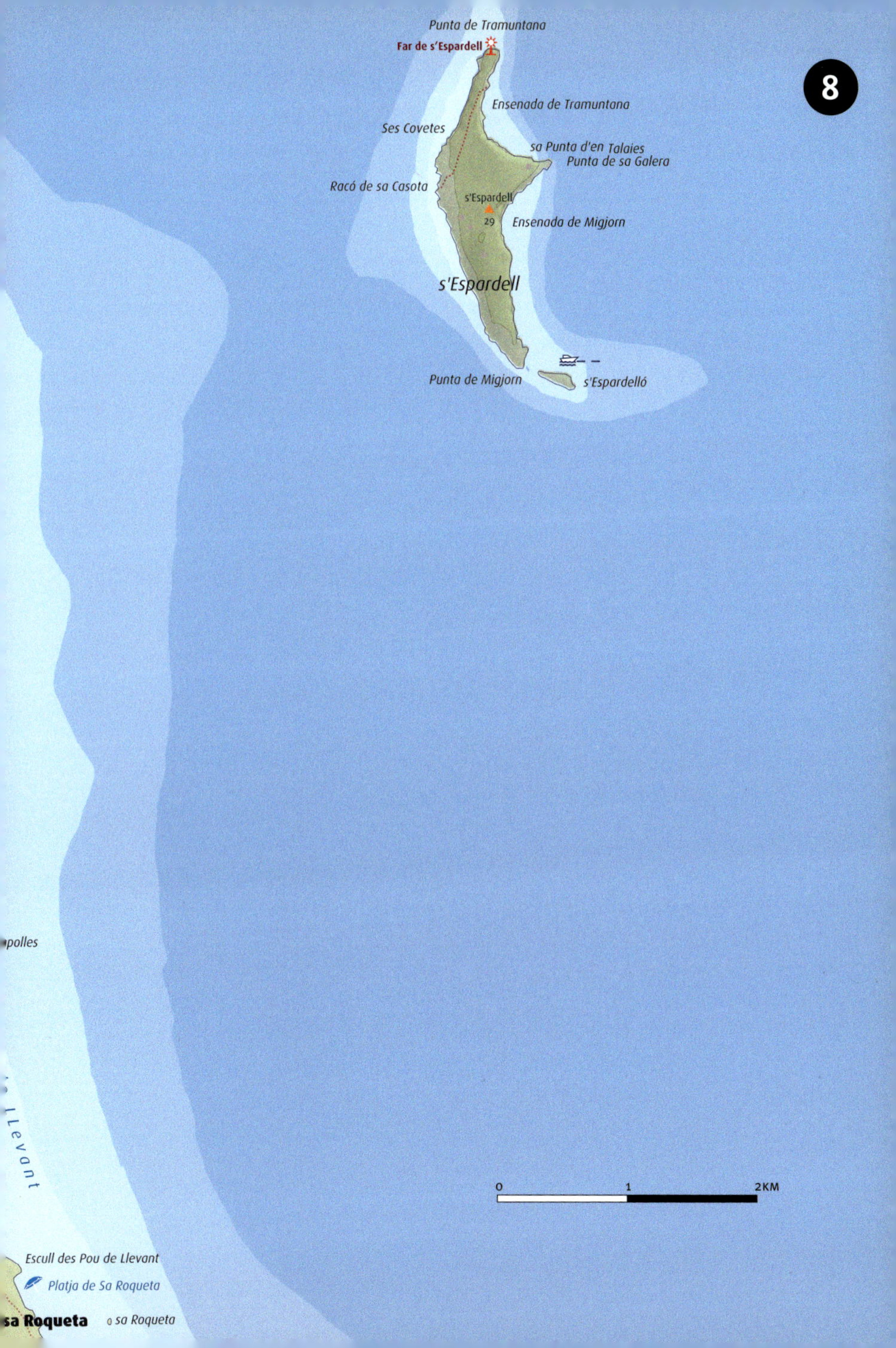
8
Punta de Tramuntana
Far de s'Espardell
Ensenada de Tramuntana
Ses Covetes
sa Punta d'en Talaies
Punta de sa Galera
Racó de sa Casota
s'Espardell
29
Ensenada de Migjorn
s'Espardell
Punta de Migjorn
s'Espardelló
polles
Llevant
0
1
2KM
Escull des Pou de Llevant
Platja de Sa Roqueta
sa Roqueta
sa Roqueta

SANT FRANCESC

ZEICHENERKLÄRUNG

- Leuchtturm
- Touristeninformation
- Fernsprecher
- Post
- Handelshafen
- Sporthafen
- Fischereihafen
- Strand, Sandbank
- Einsiedelei, Kirche
- Museen
- Tankstelle
- Taxistand
- Bushaltestelle
- Parkplataz
- Apotheke
- Krankenhaus

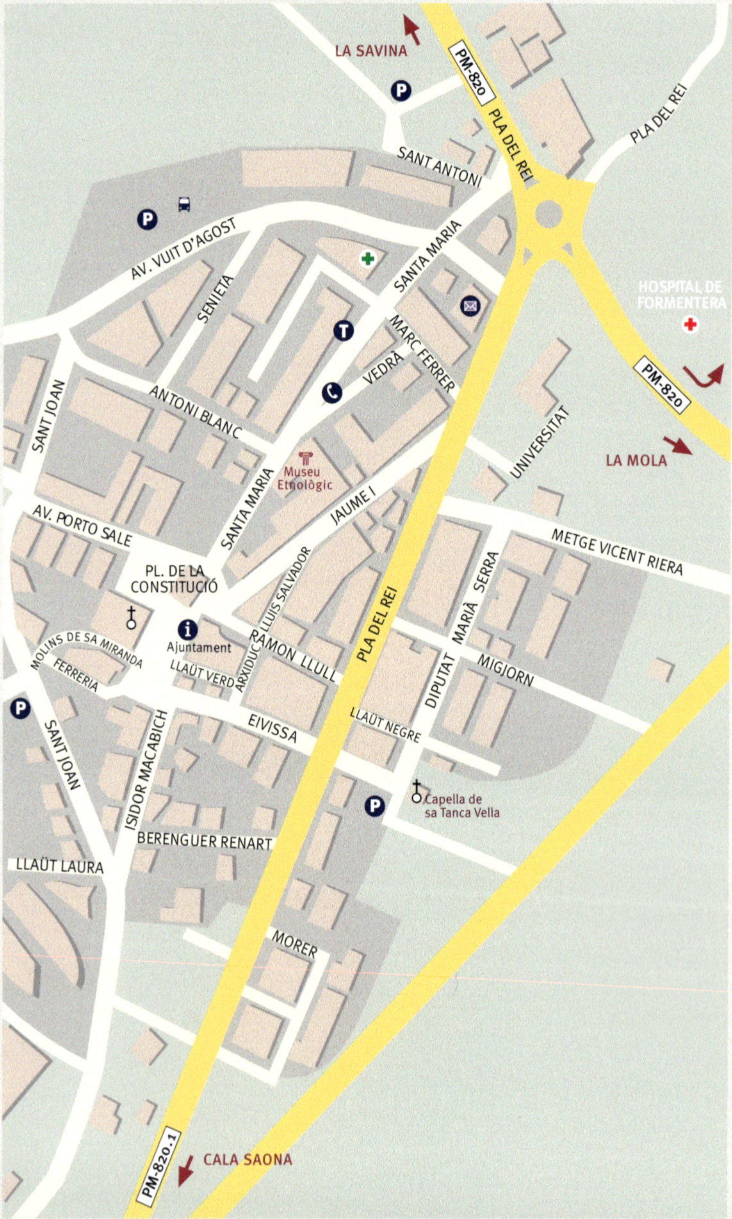

SANT FERRAN

ES PUJOLS

EL PILAR

ES CALÓ

SA ROQUETA

LA SAVINA

Far de la Savina
Estació Maritima
VAPOR MANOLITO
CALP
Port de La Savina
Punta des Carabiners
MOLL DE SA SAL
ZONA PORTUÀRIA
Torre de Capitania
PASSEIG DE LA MARINA
ALMADRAVA
PASSEIG DE LA BALANDRA
Sa Boca
Cala Savina
CARME
ES PUJOLS
PM-820.2
PONENT
MESTRAL
Salines d'en Ferrer
AV. MEDITERRÀNIA
SALINERS
ESTANY DES PEIX
LLEBEIG
GREGAL
MÀQUINA
PL. DE LES ILLES PITIÜSES
Estany des Flamencs
Estany Pudent
Estany des Peix
LLEVANT
COLÒNIA
VALANDRETA
DÉNIA
PM-820
SANT FRANCESC

ES CA MARÍ

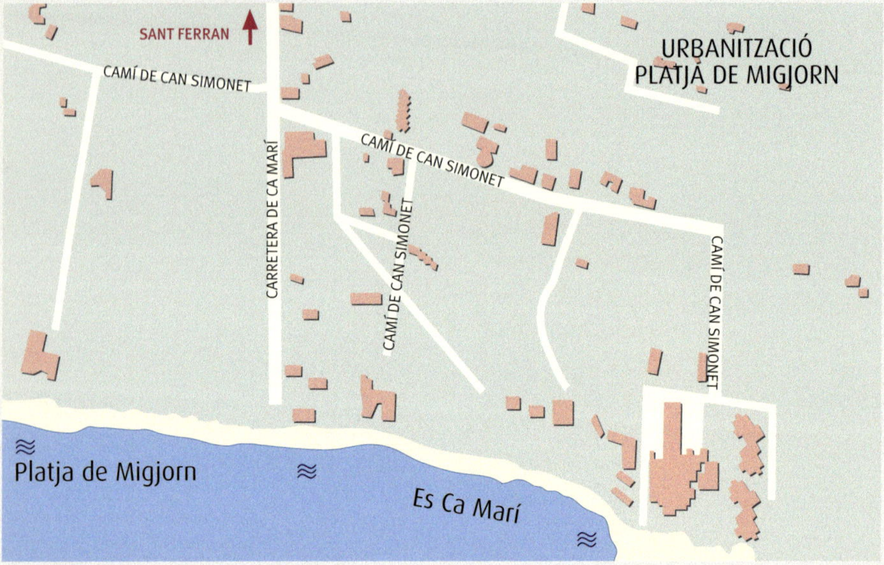

SES BARDETES

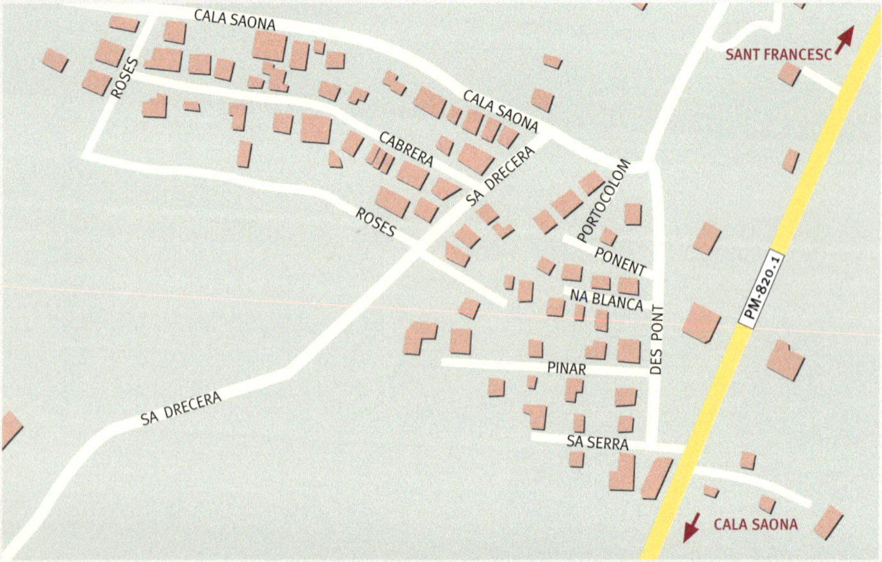

MARYLAND

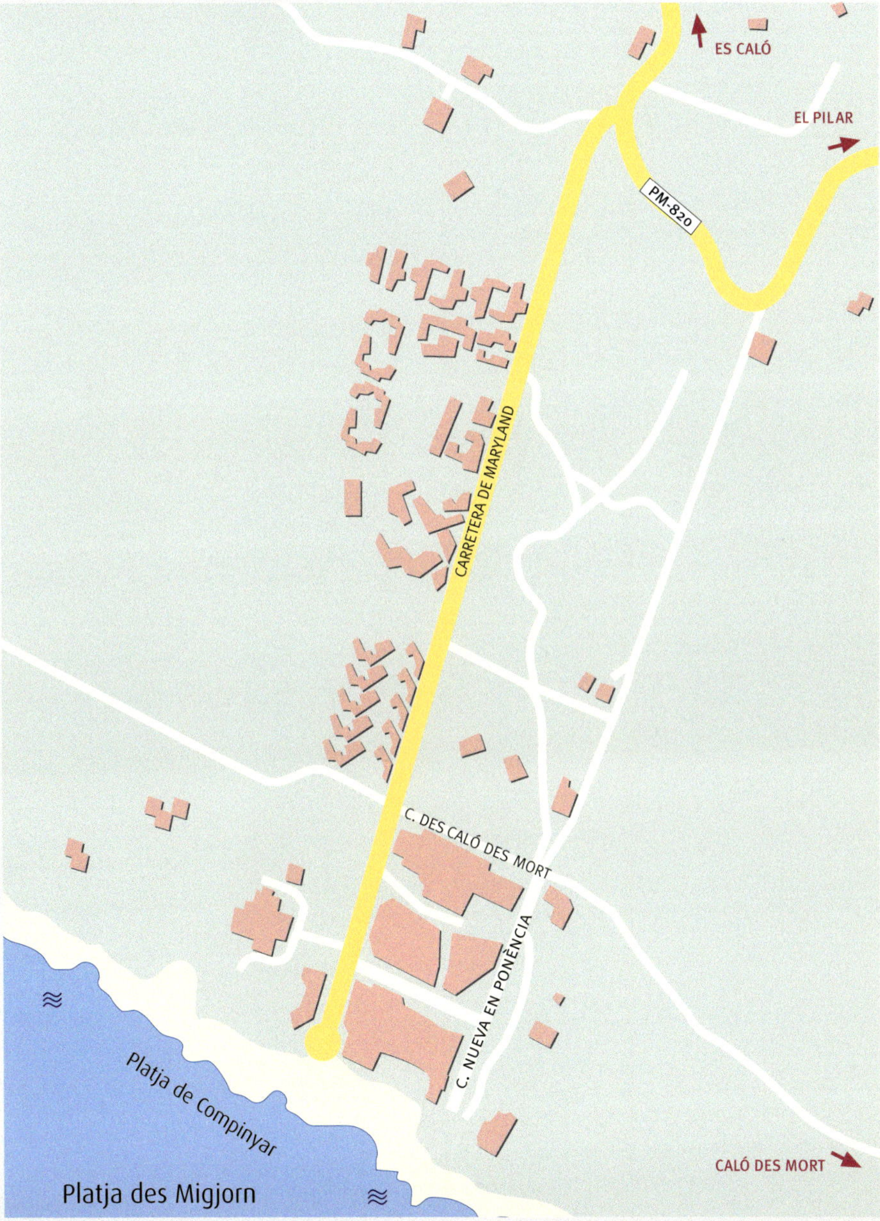
ES CALÓ
EL PILAR
PM-820
CARRETERA DE MARYLAND
C. DES CALÓ DES MORT
C. NUEVA EN PONÈNCIA
Platja de Compinyar
Platja des Migjorn
CALÓ DES MORT